大学生优秀传统文化教育研究

马磊 著

中国商业出版社

图书在版编目（CIP）数据

大学生优秀传统文化教育研究 / 马磊著． -- 北京：中国商业出版社，2023.10

ISBN 978-7-5208-2686-0

Ⅰ．①大… Ⅱ．①马… Ⅲ．①大学生－中华文化－素质教育－研究 Ⅳ．① K203 ② G645.5

中国国家版本馆 CIP 数据核字（2023）第 206079 号

责任编辑：葛　伟

中国商业出版社出版发行

（www.zgsycb.com 100053 北京广安门内报国寺 1 号）

总编室：010-63180647 编辑室：010-83128926

发行部：010-83120835/8286

新华书店经销

北京七彩京通数码快印有限公司印刷

*

710 毫米 ×1000 毫米 16 开 9 印张 190 千字

2023 年 10 月第 1 版 2023 年 10 月第 1 次印刷

定价：50.00 元

* * * *

前　言

中华优秀传统文化具有5000多年的历史，不仅具有博大精深的历史意义，而且对每一个时代都具有塑造社会价值观的重要价值导向作用。伴随着中国崛起和综合国力的逐渐提升，中华优秀传统文化也传播到了全世界，受益群体范围日益扩大。紧紧把握新时代背景，加强新时代中华优秀传统文化传播和弘扬工作，对彰显中华传统文化自信、提升文化国际影响力、促进世界共同发展具有极其重要的意义。

传统文化的传播途径有很多，其中，教育领域不仅是传统文化传播的重要途径，而且还是学生尤其是大学生了解传统文化、提升文化素养和构建文化底蕴的重要渠道，对传承中华优秀传统文化起到积极作用。因此，在教育中融合和弘扬中华优秀传统文化是十分重要的。

全书共六章内容，第一章为中华优秀传统文化概述，对中华优秀传统文化的相关概念进行了界定，为下面的研究奠定基础；第二章为中华优秀传统文化教育和传播现状，分别对中华优秀传统文化教育现状和中华优秀传统文化传播现状进行了分析；第三章为大学生中华优秀传统文化认同的提升；第四章为中华优秀传统文化与文化自信；第五章为中华优秀传统文化与校园文化建设，对中华优秀传统文化与校园文化建设融合的内在关联、时代价值及其存在的问题进行了概述；第六章为推进大学生中华优秀传统文化教育的对策，提出了中华优秀传统文化融入高校学生党员教育、高校思想政治教育、高校爱国主义情感教育的相关路径。

在新时代背景下，中华优秀传统文化教育应当以马克思主义为指导、遵循新时代党的教育方针，紧密结合高校人才培养目标和工作体系，不断探索完善中华优秀传统文化深度融合的有效路径，使中华优秀传统文化成为增强当代青年学生文化自信、培育堪当民族复兴大任时代新人的重要支撑。

作　者

前言

目　录

第一章　中华优秀传统文化概述

坚实的理论基础是展开研究的基石。因此，要透彻研究中华优秀传统文化教育，需要科学认识传统文化、中华优秀传统文化的内涵，以及中华传统文化的其他相关内容。

第一节　中华优秀传统文化的界定

一、传统文化

（一）传统文化的概念

何谓传统文化？顾名思义，“传统文化”由“传统”和“文化”两部分组成。提及“传统”一词，或许不少人会将其与“保守”“守旧”“刻板”等词联系在一起，显然这种认知是不正确的，事实并非如此。“传统”由“传”和“统”两部分构成。何谓传？据《孟子·公孙丑上》记载：“德之流行，速于置邮而传命。”① 这里的“传”是指传达、传送。韩愈在《师说》中说道：“师者，所以传道授业解惑也。”② 此处，“传”是指传授。据苏轼《石钟山记》中记载：“而渔工水师虽知而不能言，此世所以不传也。”③ 再有司马光《训俭示康》云：“居第当传子孙。”这两处的“传”意为流传。何谓统？一方面，“统”作为名词，主要有以下两种含义。据《三国志·蜀书·诸葛亮传》中记载：“奉承大统，兢兢业业。”④ 这里的“统”是指一脉相承的传统。据《荀子·臣道》中记载：“忠信以为质，端悫以为统。”⑤ 这里的“统”是指纲纪、纲要、准则。另一方面，“统”也有动词之意。据王夫之《系辞上传·第十二章》中记载：“统之乎一形。”此处，“统”有总括、综合之意。而《后汉书·孝和孝殇帝纪》云：“内有公卿大臣统理本朝。”⑥ 这里将“统”引申为综合的、全面的。据《三国志·蜀书·诸葛亮传》中记载：“今将军诚能命猛将统兵数

---

① 孟子［M］．方勇，译注．北京：中华书局，2010：46.

② 韩愈集［M］．卞孝萱，张清华编选．南京：凤凰出版社，2014：207.

③ 苏轼集［M］．汪超，导读、注译．长沙：岳麓书社，2018：232.

④ （晋）陈寿．三国志［M］．（宋）裴松之，注．北京：中华书局，2006：546.

⑤ （清）王先谦．荀子集解［M］．沈啸寰，王星贤，整理．北京：中华书局，2012：250.

⑥ （南朝宋）范晔．后汉书［M］．北京：中华书局，2012：134.

万。”① 此处，“统”意为主管、统领。因此，“传统”是指不受时间和空间的束缚，将思想、道德、信仰等世代流传，在人与人之间传承的这样一种活动。它在无形之中联系着过去、现在和未来，蕴含着强大的生命力。

从广义上讲，传统文化是指一个民族在古老的时光中百代千代的祖先为了生存和发展的需要，充分利用现实所能利用的条件改造、创造、享受、传承的物质性的、精神性、制度性的各种事项的统称。从狭义上讲，传统文化是指一个民族在悠久历史中所形成和积累下来的民族性格、世界观、伦理观、价值观、思维方式、审美情趣等精神成果的统称。中华民族历史源远流长，优秀的传统文化深奥精微。

中华民族传统文化作为一种古老的文化形态，是全世界所存在的文化中唯一历经数千年的风吹雨打持续至今并且不曾中断的文化。优秀的传统文化就是通过文明不断地演化，从而凝结成的一种能反映民族性格和精神的文化，中华民族传统文化体现出来的，是在历史上中华民族出现过的各种思想文化、观念形态，其内容是中华民族在历史上存在过的各种物质、精神和制度上的文化传承和文化结晶。本书所研究的传统文化为中华优秀传统文化。

（二）传统文化的时代性特质

中华传统文化是5000多年来中华文明演进历程中人们的心智活动结晶，并被历史实践充分证明其内在的真理价值和丰富的情理表达。中华文明的历史比其他文明延续的时间更长、内容更为博大、覆盖地域更为广阔，其根本原因在于包容性的内构逻辑和与时俱进的生长机制。在新的时代条件下，中华传统文化在文化共同体的成员、环境、传承和生长四个维度上，所具有的坚韧共荣、和谐相容、代际互融、价值通融的特质，成为中国特色社会主义现代化国家建设的人文底色和精神纽带，并在自身发展实践以及与世界文明的交流互鉴中，实现中华文化传承基础上的持续创造，不断焕发出新的生机与活力。

1. 民族特质

中华传统文化是生活在中华大地上的各民族共同建构的文化传统，形成了以儒家伦理为主干的思想体系及其情感特征，以强大的文化认同内聚力支撑着社会文明的有序演进。虽然在中华民族的大家庭里共存了不同族群的习俗，但其内在的共同价值始终是文化共同体的坚韧纽带。在多民族相互交融互鉴的历史长河中，在差异中包容、在包容中同一，逐渐成为中华文化的生长逻辑，形成了以“和合”“民本”为价值内核的文化传统。中华传统文化的价值内核作为中华民族的基本思维方式和价值取向，不断为广大民众所接受，也使基于各自习俗的多个族群融合为一个稳定的国家文化共同体。中国作为一个大国，人口众多、地域辽阔，中华文明历经几千年而从未中断，其文化价值是根本上的内聚力之源。

① （晋）陈寿．三国志［M］．（宋）裴松之，注．北京：中华书局，2006：545.

历史发展进入新时代，中华传统文化所凝结的内在价值，不仅是中华民族生存和发展的精神底色，而且蕴含着人类社会发展的共同价值追求，是中华民族实现伟大复兴和推动构建人类命运共同体的重要精神指向。

2. 地域特质

地域作为文化形成的地理环境，深深地印刻在文化机理和观念形态之中。中华传统文化以广袤的大陆环境为生存基础，在黄河、长江两大流域孕育的人类文明火种中发展起来，并经历长期的南北交融和东西互鉴，在历史演进中积淀为中华大地的文化精粹，凸显人与自然和谐相容、相促相生的文化机理。一方面，由于陆地分布的连续性，传统文化积淀呈现出整体性的特质，其内在地生成价值统一性；另一方面，由于广大地域的具体自然条件千差万别，各个地理单元的文化形态也是千姿百态，使传统文化的丰富性得以充分展现。以“天人合一”的文化价值统一性为基础，不同具体地理单元的文化形态亦具有较高的相容性。面向新时代，中华传统文化的地域性特质不仅为人们建构主体精神提供了丰富而生动的文化体验，而且成为克服现代社会发展中人与自然关系矛盾的根本价值指针，引领人类社会在生态文明建设中探寻永续发展之路。

3. 教育特质

传统文化对于一个文化共同体来说，其形成并非某些成员的随机而为，而是共同体内部的一种精神自觉，通过有目的的教化机制进行代际的有序传承。教育在传统文化的形成和发展中，起着承前启后、继往开来的推动作用。发源于中国的科举制度前后共延续了1300多年，在为封建社会选拔治理人才的过程中，也将传统文化的精粹以制度化方式不断加以传承和发展，成为传统文化积淀的强大推动力量。崇文重教作为中华文化的优秀传统和价值追求，不仅使文化共同体的内聚力得以持续增长，实现了中华文明几千年延绵不断和大国构建；而且使中华文化声名远播，在与世界其他文化的交流互鉴中，形成中华文明的独特智慧和对世界文明的价值吸引，实现了中国与周边国家长期稳定的睦邻关系。在科技深刻改变人类生活的当今时代，将传统文化的教育精神注入知识创新中，形成代际互融的文化特质，既是传承优秀文化基因的现实需要，又是发挥中华文化先进性引领作用的重要路径。

4. 精神特质

传统文化的生命力在于其具有活的价值灵魂，在满足文化共同体成员精神需要的同时，不断给予主体精神生长的力量。内置于传统文化中的向上、向善和向前的价值目标，成为中华文化生生不息的精神内能。同时，这种精神内能又以极强的融合力，一方面，积极消化吸收外来文化的活力因子，使之与本土文化有机结合，不断丰富文化共同体的内涵；另一方面，则在不同文化的价值差异中积极寻求共同点，以价值通融促进不同文化共同体间的相互理解，促进人类共同价值的和谐共鸣。从儒、释、道文化的彼此独立共存，到“三教合流”的文化融合，充分体现了中华传统文化价值同归的精神指向和构造机理，也使其精神生命能够在文化对话的基础上不断得到新的生长，进而形成共同体成员强大的文化自信。“文化自信，是更基础、更广泛、更深厚的自信，是更基本、更深沉、更持久的力量。”① 在全面建设社会主义现代化国家新征程上，唯有坚定文化自信、振奋民族精神，才能增强实现中华民族伟大复兴的精神力量。

二、中华优秀传统文化

（一）中华优秀传统文化的内涵

中华优秀传统文化是在5000多年的历史传承中孕育的，它积淀着中华民族最深沉的精神追求，代表着中华民族独特的精神标志，是中华民族生生不息、发展壮大的丰厚滋养。具体来说，它既包括仁者爱人、立己达人的关爱，也包括天下兴亡、匹夫有责的家国情怀；既包括以爱国主义为核心的民族精神，也包括正心笃志、崇德尚善的人格追求。它以经史典籍、文学艺术、礼仪制度等多种形式载体，生动鲜活地体现着中华民族的精神气度与突出优势，不仅促进了中华文明的延续和发展，更对人类文明和社会进步发挥了重要作用。陈先达教授曾指出，“一种文化的生命力不是抛弃传统，而是在何种程度上吸收传统、再造传统”②。由此可见，中华文化无疑是最具有生命力的文化。这是因为其跨越数千年悠久历史，却能一脉相承、绵延至今，在整个人类文明史上具有独一无二的地位。时至今日，中华文化依旧能为我们提供强大的精神滋养。当今时代，推进中国特色社会主义文化的发展繁荣也必将从中华优秀传统文化的丰富内涵中汲取营养。

（二）中华优秀传统文化的发展脉络

追溯过去，探究渊源，从历史的角度来考察中华文化发展脉络。早在远古时期，生活在中华大地上的先民们用智慧和汗水点燃了具有地域特色的文化火种，伴随着不同文化间的交流与碰撞、互相学习与借鉴，在不断丰富和完善中最终汇入中华文化的主流，形成了如大江奔流般的恢宏气势和源远流长的人文滋养。回顾中华文化悠远的发展历程，对于我们更深入地理解和弘扬中华优秀传统文化有着重要意义。

1. 远古中华文明孕育传统文化开端

在中国古代神话传说中，盘古开天辟地，创造了人类世界。以炎、黄两族为代表的原始氏族部落经过融合发展，形成华夏民族，炎帝和黄帝作为中原部落的两位首领，被认为是中华民族的人文始祖。这些传说经过古代学者的文字加工体现在古代典籍之中。如《史记》就从黄帝开篇叙述中华历史，“黄帝者，少典之子，姓公孙，名曰轩辕。生而神灵，

---

① 习近平．习近平谈治国理政：第二卷［M］．北京：外文出版社，2017：349.

② 陈先达．文化自信中的传统与当代［M］．北京：北京师范大学出版社，2017：51.

弱而能言，幼而徇齐，长而敦敏，成而聪明”[①]。这些传说开启了中华优秀传统文化的人文开端。

从考古学的视角看，在文字产生以前的远古时期，广袤而富饶的中华大地孕育了人类的祖先。从元谋人、蓝田人，到北京山顶洞人，构成了一个从猿到人的完整演进轨迹，中华古代文化就在这一过程中逐渐萌生并发展起来。火是在人类生产生活中极其重要的能源。恩格斯认为：“就世界性的解放作用而言，摩擦生火还是超过了蒸汽机，因为摩擦生火第一次使人类支配了一种自然力，从而最终把人同动物界分开。”[②] 此时的文化也可以从对火的使用角度进行探寻。据历史考证，距今50万年的北京猿人已经掌握了火的使用，能保存从自然界获取的火种。在仰韶文化半坡村遗址中，历史留下的痕迹则诉说了当时原始先民们农作、狩猎、制陶、彩绘、音乐和舞蹈等丰富的生活内容。随着历史的演进与文化的传承，不仅陶器更加精美，还出现了如冶铜、酿酒、制玉、雕刻象牙等新技术。这些物质文化发展成果体现了人类智慧的积累和文明的进步。从思想文化角度看，远古时期也蕴含着精神文明的萌芽。在当时的生产力和人们的认知能力条件下，古代先民对大自然、祖先、图腾产生了原始质朴的崇拜。自然崇拜的对象包括日、月、山、川、风、雨、雷、电等。在古文化遗址出土的陶器等物品上，经常能发现太阳图形的纹饰，表达对自然的敬畏。祖先崇拜、图腾崇拜反映了人们对自身起源的探寻，是较为高级的具有宗教色彩的崇拜形式。出于对生命繁衍、灵魂归处的关注，祖先崇拜成为中华传统文化的重要内容。伴随着这些图腾崇拜思想文化萌芽的形成，这一时期的人们还通过结绳、契木、绘图等方式记事，在诸多文物遗迹上都能找到笔画工整的刻画符号，被认为是中华文字的最早图像。总之，中国远古时期的文化从萌芽一路走来孕育出辉煌灿烂的中华文明，成为中华优秀传统文化的重要开端。

2. 古代历史演进推动传统文化繁荣兴盛

据历史考证，公元前2070年，大禹建立中国历史上第一个王朝——夏。这标志着中国走出了原始社会，进入了中华传统文化产生和发展的全新时期。目前发现的商周甲骨文、金文中，以文字记载形式佐证了这一时期人民以“天”“天帝”为主体的信仰、以宗法礼制为代表的社会规范，以及以阴阳五行学说为代表的对自然的归纳方法与抽象思维。公元前770年，中国历史进入了大变革、大动荡的春秋战国时代。从这个具有里程碑意义的时期开始，“中华传统文化，尤其是作为其核心的思想文化的形成和发展，大体经历了中国先秦诸子百家争鸣、两汉经学兴盛、魏晋南北朝玄学流行、隋唐儒释道并立、宋明理

① 司马迁．史记［M］．长沙：岳麓书社，2019：1.

② 马克思，恩格斯．马克思恩格斯选集：第3卷［M］．北京：人民出版社，2012：492.

学发展等几个历史时期”①。

春秋时期，中国社会急剧变革，现实与理想的冲突激发了当时知识分子的创造力，他们运用丰富多元的素材，创造了气象恢宏、影响深远的思想文化百家争鸣、繁荣鼎盛局面，产生了包括儒、墨、道、名、法、阴阳、农、纵横、杂、小说在内各有建树的百余家思想，而真正对此后的中国历史产生极为广泛而深刻影响的学派主要是倡导“仁者爱人”的儒家、以“道”为思想核心的道家、将“变法”作为思想主题的法家、主张“兼相爱、交相利”的墨家。这些对人类文明具有突破意义的思想文化虽然各具特点，但共同推进了中国古代对“天人关系”的思考，综合辩证地论述了宇宙、自然、人类间共存与发展的法则，在这一过程中诞生了丰富的价值理念、教育思想、道德伦理、政治主张等，成为中华民族思想理念发展的源头活水。

公元前221年，中国历史上第一个君主集权的统一帝国——秦王朝建立，标志着中国历史进入了“书同文、车同轨”的新阶段。到了汉代，中华文化得到了多方位的丰富发展。思想方面，两汉经学推动了儒学的发展，自董仲舒向汉武帝建议独尊儒术以来，经过改造的儒学被定为历代统治者认可并奉行的官方哲学，儒家思想在当时的社会环境下得到了全方位的提升，一举占据了统治地位并一直延续了2000余年。汉代史学著作《史记》《汉书》《七略》等，为我们追溯历史、探寻古代思想提供了丰富的史料。在文学艺术方面，文学作为具有深刻内涵和代表性的文化表现形式，在汉代取得了突出成就。辞藻华美、气势宽阔的《吊屈原赋》《七发》《子虚赋》等汉赋佳作，语言质朴、流传甚广的《东门行》《十五从军征》等乐府民歌，文采飞扬、鞭辟入里的《过秦论》《治安策》《说苑》等汉代散文都是蕴含丰富、深邃传统思想的文化瑰宝。同时，汉代的艺术、科技、建筑均取得了辉煌的成就，显著提升了中华民族的文化自信。

随着汉朝的瓦解，中国历史进入历时近400年的三国两晋南北朝时期。这时，政治的动荡使社会批判思潮涌现出来，人们需要重新审视人生理想与社会发展，因此，儒学的独尊地位受到动摇，而以《老子》《庄子》《周易》为主要经典，融合了儒学与道学的玄学思想应运而生。玄学思想超越了伦理道德、政治主张的范畴，以探索理想的人格、认识宇宙的本质为中心课题，崇尚清新理性的抽象思辨，对中华传统文化的思想风格产生了较大影响。同时，这个继春秋战国之后又一充满分裂与战乱的历史时期也带来了思想与文化的交融发展。一方面，北方劳动人民南迁推进了南北经济与科技的发展，促进了文化与思想的交流与解放，带动了不同民族间的自然融合；另一方面，外来的佛教思想与本土的道教思想传播成为新的文化营养，促使中华文化不断展现前所未有的风采。总的来看，这一时期的中华文化初步呈现出儒、佛、道三家并立的文化格局，积累了更加绚烂多彩的诗、书、

① 习近平．在纪念孔子诞辰2565周年国际学术研讨会暨国际儒学联合会第五届会员大会开幕会上的讲话［N］．人民日报，2014-09-25（2）．

乐、画等艺术作品，发展了具有中国气韵的天文历法、数学、医学、农学、地理学等自然科学。

隋唐时期，中国国力更加强盛，社会思想开放，造就了中华传统文化传承演进的鼎盛时期。此时的佛教在不断传播过程中日趋本土化，产生了天台宗、法相宗、华严宗和禅宗诸多宗派，对中华传统文化的发展产生了重大影响，成为古代中外文化交流的重要标志之一。唐诗、散文、绘画、书法、史学等多方面的辉煌成就证明了中华传统文化在思想文化方面所达到的前所未有的高度。从民族融合角度看，在唐朝大一统的局面下，南北文化合流，各民族之间的文化交流愈加频繁，关系更加密切，在文化上多民族交融的特点也表现得更加突出，文学、绘画、音乐及社会生活各方面都受到少数民族文化的影响，呈现出多姿多彩的新面貌，形成了兼容并蓄、百花齐放、星汉灿烂的宏大气派和繁荣景象。

经过五代十国的分裂与割据，宋朝的建立实现了局部统一，与辽、西夏等游牧民族政权形成对峙格局。在哲学思想领域，理学的形成与发展成为宋明时期的重要标志。理学思想积极吸收了佛教的一些观念并逐渐发展壮大，扭转了隋唐儒学逊色于佛学的状况。其思想具有突出的思辨特征，是一种完备的哲学体系。此外，还蕴含着丰富的宗教和道德思想，伦理道德是其思想核心。推崇“天理”的绝对地位，主张“存天理、灭人欲”，强调通过“正心”“诚意”“修身”的道德自觉，约束个人欲求以达到理想人格的价值构建与实现。这些带有禁欲主义色彩的理念，对于中华民族养成注重德行情操、注重人格气节、注重历史使命，以及注重社会责任的文化性格起到极大作用。随着社会的发展与思想的演进，到了明代程朱理学受到批判与挑战，以王阳明“心学”为代表的主观唯心主义高度发展，这一学说主张“致良知”“心即理”，激发了人的主观能动性，有力地冲击和突破了日渐僵化的理学思想。同时，自宋代以来，少数民族的游牧文化与农耕文化在政治的激烈冲突中深刻交融。少数民族积极吸收汉文化的营养日益发展壮大，推动了以元曲为代表的文学艺术的发展，宋元时期的文学成就也成为中国文学史上最珍贵的遗产之一。

3. 封建社会没落，传统文化由盛转衰

明清之际，封建君主专制下的中国社会逐渐从鼎盛走向衰落，资本主义开始萌芽。随着社会生产力的发展，生产关系出现变化迹象，思想文化敏锐捕捉和深刻体现了社会的变革。一方面，这一时期集中出现《元史》《明实录》《明史》等史学著作，《永乐大典》《康熙字典》《四库全书》等大规模官修典籍，以及李时珍的《本草纲目》、潘季驯的《河防一览》、徐光启的《农政全书》、宋应星的《天工开物》、徐霞客的《徐霞客游记》、方以智的《物理小识》等科学技术巨著，标志着经过数千年的积淀趋于成熟的中华传统文化进入历史总结的集大成阶段，也从一个侧面展现了当时人们的文化自觉与自信。另一方面，随着历史与社会的发展，空谈心性的空疏之学在思想领域受到排斥，具有市民反思批判意识的早期启蒙思潮兴起。这一时期著名的思想家如黄宗羲、顾炎武、王夫之等人，开始对当时的官方文化——程朱理学发起挑战，反对文字狱等思想文化专制，批判锋芒直指专制君主，为当时社会注入了经世致用的实用主义风气。文学艺术创作方面也出现了反映民间生活情趣的市民文学，书画作品等充分反映了城市经济发展和资本主义生产方式萌芽这一社会现实。然而，受到落后的物质生产方式和社会制度的制约，历经千年发展的传统文化最终还是伴随着封建社会集权统治的衰落一同走向下坡路。当时的统治者和大多数知识分子沉醉于历史上辉煌的文化成就，盲目自信，拒绝开眼看世界。而此时的西方已经轰轰烈烈地进行了从根本上改变世界面貌的工业革命。最终，1840 年爆发鸦片战争，西方列强以其船坚炮利拉开了中国近代史的序幕，进入半殖民地半封建社会阶段的中华传统文化也随之跌入了历史低谷，开始了一段前所未有的、在衰落中探寻蜕变与新生的曲折历程。这条百转千回的中华文化复兴之路，直到 1921 年中国共产党成立后才重新清晰、明确起来。经过百年的奋斗，中国共产党带领中国人民不仅实现了民族的解放，同时也实现了思想文化的独立自主、创新重生。在新时代，中华优秀传统文化已经成为中国特色社会主义文化发展的核心基因与沃土，必将重新绽放出举世瞩目的绚丽光彩。

追溯历史文化发展的脉络，我们能深切认识到：中华民族的精神血脉薪火相传，具有生生不息的强大生命力；优秀的思想价值理念已经融入每个中华儿女的内心，成为共同的精神家园；中华文化的繁荣昌盛增强了民族文化自觉与自信，也为世界文明宝库增添了宝贵的文化财富。以明晰中华优秀传统文化穿越千年历史演进的脉络为基础，我们要更加深刻地认识民族自我，更加珍惜当前取得的历史性成就，更加坚定地沿着中国特色社会主义道路前行。

（三）中华优秀传统文化的基本走向

中华优秀传统文化并非民族文化随着时间推移简单叠加累积的成果，而是作为一个不断演进的整体，紧密地联系着过去、现在、未来的连续性、流动性的存在，其自身的历史性、民族性、时代性在传承发展过程中形成了辩证统一，并汇聚为前行的趋势，这形成了文化延续的基本走向。

1. 历史上的中华优秀传统文化海纳百川、兼容并蓄，在交流融合中发展繁荣

中华优秀传统文化在中华民族的远古时期开始孕育而生，传承至今。它始终保持了海纳百川的开放胸怀，接纳融合了生活在同一片土地上的诸多少数民族文化，展现出超强的向心力与包容力。一方面，从中华民族和中华优秀传统文化的形成过程来看，夏、商、周时期无论是从人口分布，还是从国家版图上都远远小于其他朝代，仅仅占据中原一隅，四周环绕着许多武力强悍、文化发展较为落后的民族部落；经过长时间的碰撞、交融，这些民族都逐渐被中华文化的丰富内涵和强大魅力吸引，自觉地接受并融入中华文化。另一方面，从中华优秀传统文化对异质文化的融通来看，以汉代开始传入的佛教文化为例。佛教传入之初带有明显的外来文化特征，传入中国后，在翻译经书过程中，中华传统文化就自

觉地开始了对其本土化的改造，这才使其能在隋唐时期有较大发展。即便如此，佛教仅剩的外来特征最终也在宋朝理学的发展过程中被彻底吸收和融合。由此可见，中华优秀传统文化对异质文化始终保持了高度的融通性。可以说，正是以开放包容的胸怀不断将外来文化柔化、转化、融入自身的体系之中，才使中华优秀传统文化呈现出更加丰富的色彩。

此外，由于四周的天然屏障，中华传统文化在独立、稳定的发展过程中繁荣兴盛，长时期处于周边国家的中心地位，逐渐形成了影响朝鲜半岛、日本列岛、中南半岛和东南亚各地的东亚文化圈。在地域间的文化互动中，中华优秀传统文化得到进一步丰富拓展，同时也由近及远地带动了周边国家乃至亚洲文化的发展演化。元朝时期，建立了拥有横跨欧亚大陆广大版图的帝国，在实际上开放了自汉代以来中国同西方和北方国家间的沟通，这使指南针、造纸术、印刷术、火药、历法、数学、瓷器、茶叶、丝绸、绘画、园林艺术、经史典籍、文学诗歌等中华优秀文化中积淀的最杰出的思想与科技成就更加广泛地向世界传播，为西方思想文化发展、技术创新注入了新的活力；同时，国外的思想文化、先进科技，如处于世界领先水平的阿拉伯天文学、数学等，也先后进入中国的科技文化领域，促进了中华传统文化在新一轮的博采众长中实现融合发展，出现了《授时历》等新的文化成果。

2. 近代以来的中华优秀传统文化历经沧桑巨变，在守正中创新，从低谷走向复兴

近代之前，中华民族基本形成了以儒家文化为核心，同时蕴含道家和佛家思想内容，历史悠久、兼容并包、博大精深的传统文化。但由于长时间处于世界文化领先地位，到了封建专制制度晚期，统治者和士大夫由文化自信逐渐转变为夜郎自大，在封闭僵化的文化意识影响下，对内实行文化禁锢，破坏了本应充满生机的学风；对外则在明晚期到清代以来实行闭关政策，致使中国的经济发展尤其是对外贸易逐渐衰退，思想文化、科学技术缺少与世界文化的交流，在故步自封中逐步坠入低谷。经历鸦片战争的惨痛失败后，中国一步步沦为半殖民地半封建社会。在这一个过程中，无数爱国仁人志士一边探索救亡图存的道路，一边反思中国何以积贫积弱至此。于是，近代以来的中国从“三千年未有之大变局”的政治剧变开始，先后经历了农民反抗运动、以“富国强兵”为目标的洋务运动、谋求制度层面改革的维新变法运动，乃至推翻清朝封建统治的辛亥革命，但均未能打通中国摆脱西方帝国主义侵略、独立自主走向现代化发展的道路。因此，“政治上的剧变，酿成思想的剧变，又因思想的剧变，至酿成政治上的剧变。前波后波辗转推荡”[①]。1915 年，以《新青年》的诞生为标志，一场由陈独秀、李大钊等新一代知识分子发起的声势浩大、影响深远的新文化运动掀起了反对封建专制及其思想桎梏的启蒙浪潮。1919 年 5 月，在中国大地上爆发了五四运动，它“为新的革命力量、革命文化、革命斗争登上历史舞台创造

① 梁启超．中国近三百年学术史［M］．北京：东方出版社，1996：30.

了条件”[①]。1921年7月，中国共产党成立后不仅担负起了带领全国人民争取民族独立的革命任务，同时也肩负起了复兴中华优秀传统文化的使命，自觉成为其传承者、弘扬者和建设者，在领导全国进行革命、建设、改革的过程中以科学的马克思主义理论为指导，重视学习和总结历史经验，重视借鉴和运用中华优秀传统文化中的思想精华，不断推动其向当代化和现代化发展。进入新时代，党中央把中华优秀传统文化的传承与发展放在重要的战略位置上，加强优秀传统文化的阐释和弘扬，推动其创新发展和时代转化。在全球化浪潮中，中国倡导构建“人类命运共同体”，广泛开展“一带一路”合作，弘扬中华优秀传统文化中和衷共济、众志成城的理念，与世界各国携手抗击新冠疫情……一系列实践有力证明，中华优秀传统文化不仅可以为实现中华民族伟大复兴奋斗目标提供助力，也能为当今时代背景下世界的发展提供智慧和力量。

总之，历经繁荣兴盛，曾在世界展现辉煌成就的中华优秀传统文化，在中国共产党矢志不渝的努力传承弘扬中，在科学指导思想的指引下，经受住了历史变迁的严峻考验，走出了沧桑与低潮。可以预见，作为中华民族的精神之根与思想之魂，它将在新时代，在更加宽广的舞台上彰显出无穷的精神魅力，支撑着中华民族走向现代化，走向复兴。

第二节　中华优秀传统文化的思想精华

中华优秀传统文化积淀了独特的文化特质，凝练了丰富的思想理念精华，形成了鲜明的特色，这些方面构成了优秀传统文化极具辨识度的标签，为我们正确认识和深刻把握中华优秀传统文化提供了重要的切入点。

一、中华优秀传统文化的内在特质

地理环境决定论认为地理环境和气候会极大地影响一个民族的文化及文化特征。中华文化诞生于华夏大地，其独特的自然地理环境、社会结构与历史背景对其形成和发展产生了重要的影响，是使之呈现出独特文化特质的重要基础。从中华大地的独特风貌来看，中国的自然环境相对封闭，漫长的海岸线、高耸的山脉、奔腾的江河、广袤的草原和沙漠将中华大地勾勒起来。而西高东低富有层次感的地势、处于中纬度的显著季风气候为古代中华民族的生产生活提供了丰富的自然资源和相对独立安全的广阔空间，既奠定了不同地域形成丰富多样的思想文化的基础，也对其产生发展、相互间交流融合产生了深刻的影响。从中国古代经济形态角度来看，由于气候、土壤、水利等方面的环境差异，逐渐形成了东中部广大地区适宜农耕生产，西北部地区则适宜游牧生产的人文社会生产景观。从总体上

① 习近平．在纪念五四运动100周年大会上的讲话［N］．人民日报，2019-05-01（2）．

来看，中华民族自古就把“农”视为“立国之本”，形成了以农耕经济为主的经济形式。中华民族从社会结构角度看，经过漫长的原始社会积淀，中华民族在中原沃土上形成了以传统农业模式为主、由血缘家族组合而成的农村乡社，并沿袭了以血缘为纽带的严格的主从、嫡庶、长幼宗法等级结构。另外，中华大地幅员辽阔，物质条件相异，还形成了高原区牧畜、林区捕猎、沿海及水乡捕鱼等多样性的生产生活方式，并逐渐发展出货通天下的商业等。这些经济形态既相对独立，又与农业形成相互交融、相互渗透和相互补充的关系。因此，中华民族在繁衍发展中形成的传统文化是根植于农耕社会的基础之上的，由于人们对“天”的仰赖、敬畏和亲近，由于生活方式的自给自足、多样共存，由于中华民族对于稳定、统一的国家的期待，因而孕育出以“天人合一”为代表的追求和平、崇尚道德的民族文化，形成了中华优秀传统文化中的务实精神、中庸之道、尚农重农思想、集权主义、民本主义以及乐天安土的生活情趣，哺育了中华民族的多元化民族分支，使中华文化多彩多姿，呈现出各民族向心力不断增强和多元文化类型持续融合的趋势，培养了中华民族对乡土深切的依恋和对祖国难以割舍的家国情怀。正是在自然环境与社会历史条件的共同作用下，中华优秀传统文化延续数千年，展现出独特的文化特质。

（一）生生不息的延续性

众所周知，中华优秀传统文化是中华民族历经悠悠数千载却始终未曾断绝的文化血脉。这种生生不息的延续力，一是得益于中国处于一种半封闭状态的大陆性地域，中华优秀传统文化与外部世界相对隔离的自然环境；二是具有连续性和稳定的农耕经济和农耕文化的主体地位也增加了中华文化的稳定性、包容性与向心力；三是政治传统在调整中的接续承继也是其重要条件之一。因而，中华文化能按照自身发生发展的逻辑孕育演化至今，并以独立的姿态保持了前后承接的赓续延传，积淀了牢固的共同民族心理与伦理观念，积累了无与伦比的思想文化宝藏。

从优秀传统文化自身来看，其坚韧的延续性根源于优秀的文化基因，以及传统文化强大的融合力和凝聚力。纵观华夏5000多年历史，事实证明，中华优秀传统文化对一切外来文化都具有很强的影响力。在不断地碰撞交流中，中华文化展现出自身强大的文化基因，不断吸收并改造异质文化，使其逐步融入中华民族的文化基因，继而成为中华文化的一部分。例如，佛教文化在两汉之际开始传入中国，经过魏晋、隋唐佛教经典的翻译和解读，使最初的佛教思想发生转变，一部分变为中国式的佛教思想，另一部分则被宋明理学消融吸收，最终成为中华优秀传统文化的一部分。就融合力来讲，中国历史上处于分裂时期或者王朝更迭时期，往往也是民族、文化大融合最为显著的时期。无论是东晋十六国的混乱，还是两宋时民族政权的对峙，抑或是蒙元南下、清军入关，都极大地促进了民族与文化的融合。即便是由少数民族建立起强有力的统治政权，在文化思想领域，也总是自觉或不自觉地融入以华夏农耕文化为代表的先进的中原文化中，成就了中华文明博大的体系和丰富的内涵。就凝聚力来讲，自古以来，在中华文化的滋养下，中华儿女对国家和民族的热爱愈加深沉与厚重，谱写了一曲曲流传千古的爱国主义赞歌。那么为什么中华优秀传统文化能如此传承有序呢？马克思曾指出，“人们的意识，随着人们的生活条件、人们的社会关系、人们的社会存在的改变而改变”[①]。可见，人的意识的改变具有必然性，顺应变化作出相应调整，使意识符合客观存在，才能不断发展，这一判断说明了开放性思维方式的重要性。中华优秀传统文化的传承有序正是因为它并非一个封闭静止的文化系统，而是一种具有顺应变化、包容开放的思维方式的动态文化。从历史上看，每次中华优秀传统文化与外来文化碰撞时，传统文化都在多元互补、吸收融合的过程中得到发展。而这种经验的核心就是保持因革损益的开放性思维，这不仅使文化在多元碰撞中展现出鲜明的主体意识，有助于在交流中实现自我发展与创新，更彰显出一种强烈的吸引力和亲和力，使地域广阔、民族众多的中国保持了旺盛的生命活力。

（二）经世致用的务实性

中华民族以应天时、尽地力的农耕劳作为主要生活方式，形成了立足实际、勤劳务实、安土乐天的朴素共识，积淀了审时度势、与时俱进的“实用—经验理性”，凝练了崇实尚行、经世致用、利用厚生的价值取向和“大人不华，君子务实”的人格追求。孔子曾说：“富而可求也，虽执鞭之士，吾亦为之。”[②] 这体现的正是中华民族深植于农耕经济厚实土壤的农本思想在长期的社会生产实践中产生的注重现世、淡化来生，不善思辨，排斥玄虚的务实态度。这样的思维倾向使在西方文化中占有重要地位的宗教文化没能成为中华传统文化中的主导内容，尽管历史上中国本土产生了道教，也曾经传入了佛教、基督教等，但中华优秀传统文化的现实、入世取向，阻挡或淡化了宗教在传播中对民族意识的影响。而在中国封建君主统治时期，封建伦理型文化如同严密的思想屏障，将人们的思想与宗族、土地牢牢锁在一起，而实用理性倾向也促使农学、天文学等得到长足发展。但这种对抽象思辨的忽视，却也阻碍了思维逻辑的发展成熟，影响了基础科学技术的进一步发展。

以经世致用为导向，中华优秀传统文化具有鲜明的实践指向性。以中华传统文化中“天”的概念为例，西周之前的“天”的观念具有较浓厚的客观唯心主义抽象色彩，但其中也已经出现了“以德配天”的思想，散发出亲近人世的气息。进入西周之后，“天”的这种抽象和神化特征开始褪色，取而代之的是规律性的含义。而春秋时期，孔子创立儒学，提出“子不语乱、力、怪、神”的主张，反映和体现了重视现实生活的价值取向。自那时起，相较于抽象的神，中华传统文化的中心实质上是从天上转到了人间，注重世俗实际和实践的倾向就越发凸显出来，它强调所有的理论、学说、观点最终目的都是解决人自

① 马克思，恩格斯．马克思恩格斯选集：第1卷［M］．北京：人民出版社，2012：419-420.

② 论语译注［M］．杨伯峻，译注．北京：中华书局，2017：99.

身生存以及人在世间生活的问题，即使是具有明显现实超越性的道家思想也显露出对理想人生、美好生活、和谐社会的追求，而在构成中华优秀传统文化主体的儒家经典文献中更是随处可见。正如司马迁说："天下一致而百虑，同归而殊途。夫阴阳、儒、墨、名、法、道德，此务为治者也。"[①] 综观春秋战国时代各家学说，可以说均为应时而为、应运而生，都是以实现社会稳定、天下大治为目标。在中华优秀传统文化的实践思维中，虽然宋明理学提出了"存天理，灭人欲"超验性追求，但内圣外王依然是其根本价值追求，它聚焦的核心问题和理想指向是"为往圣继绝学，为万世开太平"。由此可见，经世致用的务实性贯穿于中华优秀传统文化之中。

（三）革故鼎新的创新性

革故鼎新是中华优秀传统文化延续千年而依旧充满活力、且不断繁荣发展的核心基因之一。在历史更迭中，观四时运行不息、察万物生长化育，面对"逝者如斯夫，不舍昼夜"的沧桑变化，中华先民对于变通的概念有了更为深刻的理解，追求"苟日新，日日新，又日新"[②] 的奋进精神，以及"惟新厥德"、进学不已的积极态度。这使中华文化逐步形成了善于与时俱进地汲取时代精神要义的发展思维，以及勇于进行自我革新的创新精神。因此，即便在历史演进的过程中中华文化与游牧民族文化多次发生碰撞，但中华优秀传统文化的传承与发展也未曾中断。面对外来文化的冲击时，中华文化也能以海纳百川、革故鼎新的精神，主动包容接纳，融合吸收，这本质上就是自我革新精神的深刻展现。正是因为具有这种勇于变革、积极求新的创造精神，才激励了一代代中华儿女在危机中奋起求变，自强不息，推进了民族历史和文化在沧桑巨变中砥砺前行；也正是这种文化基因的传承，才使中华优秀传统文化成为人类历史上唯一赓续不断的文化财富，至今仍然具有无穷的魅力，为人类发展贡献智慧与力量。在当今时代，面对百年未有之大变局，中华文化中革故鼎新的创造性不仅能引领中华民族于变局中开新局，更能为全人类的发展提供有益的启迪。

（四）重人轻神的人文性

中华优秀传统文化的人文性是其突出特质之一。中华优秀传统文化关注人自身的存在，以人为中心，主张天地人合一，这造就了中华优秀传统文化独特的特质，使其人文精神熠熠生辉。首先，中华传统文化具有鲜明的重人轻神倾向。在中国远古时期乃至殷商时期的人们还存在着对天命鬼神的绝对崇拜和敬畏，但是进入西周之后，随着宗法道德观念的确立，人们就逐步淡化了神学观念。在周代以后的历史中，王权始终是高于神权的存在。同时，鉴于殷商灭亡的历史教训，"重民轻神"的民本思想自周代开始兴起，在传统

---

① 司马迁．史记［M］．长沙：岳麓书社，2019：739．

② 大学中庸译注［M］．王文锦，译注．北京：中华书局，2019：4．

思想中长期处于核心地位的儒学就高度关注现实中人的生存。在儒家经典中，“天道远，人道迩”、“敬鬼神而远之”①、“未能事人，焉能事鬼？……未知生，焉知死”②、“制天命而用之”等表述，强调了人的价值、人的力量和生命的意义，展现出以人为本、重人道轻神道的人本主义思想倾向。总的来看，中华传统文化从人与人之间的关系角度出发，确立了人们的行为准则和道德规范，进而开始追求人的完善、人的理想以及人与自然的和谐，体现出明显的人本精神。从古代的相关文学作品中我们就能看出，在西方神话中，故事的主人公是神，战胜灾难的是神，完成惩恶扬善使命的依旧是神，始终着力于对神和神力进行宣扬。而中国神话则大多以人为主人公，如“大禹治水”、“夸父逐日”和“后羿射日”等神话，宣扬的是人定胜天，展示的是人的力量和价值。其次，在中华传统文化的价值取向中，实现人生价值的崇高追求是重要的内容之一。这一追求展现出鲜明的非宗教性思想倾向。在中华传统文化和思想理念中，灵魂不朽、天堂永生等宗教中普遍的追求目标，并非中华民族所推崇和向往的目标，相反，现世崇高的人生理想、人生价值的实现更加受到尊重，因而，中华民族的智者先贤往往主张把内在的道德修养和外在的社会实践结合起来，追求“内圣外王”的崇高境界，努力去立德、立功、立言，从而成就理想的君子人格。最后，中华传统文化的落脚点在于人的主体性，特别注重人的实践和主观能动性的发挥。这种关注主体价值的精神广泛存在于中华传统文化中，如儒家倡导的积极入世的道德实践、对内在超越的精神诉求、对知行合一问题的探究、“以民为本”的政治理念都是重视人的主体性、能动性思考方式的具体表现。同时这一思考方式所产生的社会追求就是天下大同，这种肯定人的价值的理念与对美好理想社会的向往，在当时起到了激发人们主体意识、增强以天下为己任的社会责任感和激励探索真理精神的作用，不仅促进了中国古代文化的发展繁荣，也推动了当时社会的不断进步。

（五）崇德尚善的伦理性

中华优秀传统文化是一种关注人伦、以伦理道德教化为重要目标的伦理型文化，具有浓厚的崇德尚善的道德色彩。贯穿整个中国历史，几乎所有的学说都对于引人向善的道德伦理有所论及，各种观点也普遍存在于我国古代经典著作当中，尤其是在儒家经典著作中体现得尤为明显，提出“克明俊德”和“皇天无亲，惟德是辅。民心无常，惟惠是怀”③。这说明，在古代社会，明德作为重要原则规范贯穿于社会生活的各方面，中华优秀传统文化处处渗透着伦理道德思想的影响。先秦儒家学派高度强调道德的践行，还指出“欲修其自身者先正其心，欲正其心者先诚其意”④。这突出了个人自觉性和主动性在自我道德修养

① 论语译注［M］. 杨伯峻，译注. 北京：中华书局，2017：88.
② 论语译注［M］. 杨伯峻，译注. 北京：中华书局，2017：162.
③ 吴哲楣. 十三经［M］. 北京：国际文化出版公司，1993：110.
④ 大学中庸译注［M］. 王文锦，译注. 北京：中华书局，2019：2.

中起到的重要作用。如“德之不修，学之不讲，闻义不能徙，不善不能改，是吾忧也”[①]等丰富的论述阐明修德的价值与意义。还对如何修德进行了规定，如“弟子入则孝，出则悌，谨而信，泛爱众，而亲仁。行有余力，则以学文”[②]，将修德放在学习知识和做学问之首，凸显其重要性。孟子进一步指出，人之所以与禽兽有别，在于满足温饱之后应学礼而守德，对于德性的追求不仅对个人品质有益，使人们成为“富贵不能淫，贫贱不能移，威武不能屈”[③] 的大丈夫，而且对整个社会形成崇德向善的风气具有重要意义。儒家另一代表人物荀子则认为，后天的道德教化对人的品质影响极为重大，甚至可以“涂之人可以为禹”。这些思想不同的是观点角度的差异，相同的是都在推崇德性的作用，重视道德的培养。道家思想也注重追寻德性，老子认为“上善若水”。庄子在《秋水》中指出，“井蛙不可以语于海者，拘于虚也；夏虫不可以语于冰者，笃于时也；曲士不可以语于道者，束于教也”[④]。这种谦虚谨慎的致知态度、身处逆境也要保持浩然之气的精神境界，在铸就中华民族的精神品格方面有着重要的影响。在儒家成为官方正统思想后，在儒家学者和统治者的推动下，这种注重道德践履的思想不断发展完善，成为治理国家和教化民众的重要工具。经过长时间的道德伦理浸润，上至统治者，下至平民百姓，人们自觉尊崇圣贤，恪守“仁、义、礼、忠、孝、悌、信”等儒家道德要求，不断完善自我，以实现君子人格为追求目标。从人与人的关系而言，传统文化强调要有仁爱之心。无论是孔子的“己欲立而立人，己欲达而达人”[⑤]、“己所不欲，勿施于人”[⑥]、“人不独亲其亲，不独子其子”[⑦]，抑或是孟子的“老吾老，以及人之老；幼吾幼，以及人之幼”[⑧]，都成为中华优秀传统文化中具有深远影响力的道德信条。以血缘关系为纽带的长幼尊卑秩序和一系列宗法制，从家族和宗族的集体生活规范，衍伸为社会国家组织的基石，形成一种家国同构的社会模式，人与人之间的道德要求也延伸到国家层面，形成了君君臣臣、父父子子的伦理道德原则和安身立命的行为规范，极大地巩固了“家国同构”“家国一体”的政治体制格局，推动了古代国家的存续。

二、中华优秀传统文化的鲜明特色

中华优秀传统文化所蕴藏的独特的精神理念、价值追求、理想境界、思想智慧、道德伦理等对国家与社会、家庭与个人产生了不可磨灭的影响，而其中所呈现出的思维特征则

---

① 论语译注［M］. 杨伯峻，译注. 北京：中华书局，2017：95.
② 论语译注［M］. 杨伯峻，译注. 北京：中华书局，2017：6.
③ 论语译注［M］. 杨伯峻，译注. 北京：中华书局，2017：152.
④ 曹础基. 庄子浅注［M］. 北京：中华书局，2007：189.
⑤ 论语译注［M］. 杨伯峻，译注. 北京：中华书局，2017：93.
⑥ 论语译注［M］. 杨伯峻，译注. 北京：中华书局，2017：175.
⑦ 大学中庸译注［M］. 王文锦，译注. 北京：中华书局，2019：58.
⑧ 孟子译注［M］. 杨伯峻，译注. 北京：中华书局，2018：17.

更为深刻地印刻在人们的价值理念与行为方式之中，为中国社会主义现代化建设提供了深厚的历史文化背景和思维方式借鉴。这也是当今高校弘扬中华优秀传统文化、融入思想政治教育过程中应当关注的重要内容之一。

（一）整体思维

注重整体性是中华优秀传统文化的重要思维方式。在长期的历史实践中，中华民族的生存发展，始终拥有相对独立且稳定的地理环境，在以自给自足的农耕经济格局和伦理宗法为基础的社会结构中，我国古代形成了天地人万物一体的整体思维方式，同时也延伸出万物间普遍联系的观点。就如恩格斯在谈到事物普遍联系的图景时所指出的那样，在谈到中华优秀传统文化时，我们也会体会到这种注重将天地万物包含在内，整体地看待一切，从万物间的相互作用、相互影响、相互制约关系中把握事物的思维方式。例如，老子认为“道”是世间万物以其为根本规律的整体，要了解世界就要“以天下观天下”。又如，《易经》《中庸》中所倡导的带有道德理想主义色彩的天人合一观念，即将德性作为中间环节贯穿天道、地道、人道而成为一个整体。再如，宋代张载的“天人合一”“民胞物与”思想，明代陆九渊、王阳明的“天人一心”说等，均体现了将人同宇宙万物看成一个统一整体的思维方式。而中华优秀传统文化中的这种将人与世界相统一、认识自身与认识世界相统一的整体性思考方式，经过历史的积淀，已经成为存在于民族精神和价值取向之中的文化标志，进而形成了崇尚和谐、追求和平的民族性格。

（二）辩证思维

辩证思维在中华优秀传统文化中凸显智慧。如阴阳互补、动静相宜、盛极而衰、防微杜渐、相反相成、执两用中等都是广泛流传的思想理念，体现着古人对于事物发展规律的认识和在现实政治社会生活中的处世哲学。从历史上看，中华优秀传统文化中的辩证思维早在先秦就已经萌芽，“阴”“阳”概念和符号的出现、伏羲八卦的产生、“和实生物，同则不继”命题的提出等都是辩证思维的闪光点，而老子、孔子、孙子则较为系统地提出了各具特色的辩证思想。老子以“道”和“太极”概念为基础，提出了“弱之胜强，柔之胜刚”的思想，论证了“无为”与“有为”的辩证关系，用“道生一，一生二，二生三，三生万物”[①]、“祸兮，福之所倚；福兮，祸之所伏”[②] 等论述阐明了道家辩证思想。孙子著《孙子兵法》，将丰富的辩证法思想运用于充满阳刚之气的军事斗争中，提出了“知彼知己，百战不殆”“不战而屈人之兵，善之善者也”等著名军事战略命题，在实践中推进了辩证思维的发展。孔子阐发的辩证思想，以“刚柔并济”的中庸之道为特色，强调“过犹不及”，并在实践中贯彻这一思想，例如他为人“温而厉，威而不猛，恭而安”，主张捕猎

---

① 老子今注今译［M］．陈鼓应，注译．北京：商务出版社，2016：233.

② 老子今注今译［M］．陈鼓应，注译．北京：商务出版社，2016：284.

“钓而不纲，弋不射宿”等。《周易》是儒家辩证思想的集中体现，它以符号化的方式，系统地呈现并论述了传统文化视野中世界运动变化的对立统一规律和事物发展的质量互变、否定之否定规律，证明了传统文化中高度的辩证思维水平。总之，围绕辩证思维，古代思想家、哲学家在漫长的历史过程中不断充实、丰富辩证思想的内涵，形成了一个较为庞大、完整的辩证法理论体系。尽管这些内容中包含了一些消极的、非科学的成分，但也为中华文化的发展、成熟奠定了坚实的哲学思辨基础。客观认识传统文化中具有的辩证思维特色，为我们今天深入理解和把握民族思想文化提供了重要的切入点和观测点。

（三）历史思维

中华优秀传统文化历来重视古今传承，认为应当对历史变迁进行积极考察，“通古今之变”，从中汲取治国平天下的智慧。这种以古喻今、以史为鉴、省察历史的思想，使中华民族在不断收获启迪与启示中繁衍生息，稳步前行，并且在长期的历史积累过程中形成了深刻的历史思维。具体来看，一方面，传统文化中普遍认为历史是前后相继，有规律可循的。东汉王充的观点认为，当国家处在衰落混乱的时期，虽有圣贤也不能使其兴盛；当国家处于大治之世时，即便有大恶之人也不能使之混乱。国家的治乱之别在“时运”不在于政治，国家的安危在于“气数”不在于教化，是不是贤君和良政都无关紧要。可见，他将社会兴衰治乱的演变归结为“时”“数”“势”这种具有客观性因素的结果，这体现出了对抽象历史规律的探索，具有很大的进步性。这一观点对以后的思想家产生了深远的影响，呈现出把朴素唯物主义和辩证法运用于社会历史领域的明显倾向。另一方面，从历史发展变化趋势的角度看，传统文化总体上体现了“今胜于古”的判断。而对于谁是历史的创造者、谁在推动历史的进步，回答不尽相同，在传统文化中虽然有天命论和英雄史观的存在，但认为民众的力量在历史进程中具有重要作用的观点也得到了广泛认同。例如，早在西周时期就有“天视自我民视，天听自我民听”的记载。《左传》中写道，“夫民，神之主也。是以圣王先成民而后致力于神”①。法家指出，“上古竞于道德，中世逐于智谋，当今争于气力”②。这种对历史阶段的经验主义式的划分虽然并不科学，但体现了一种朴素的以人为主体的发展的历史观。而孟子的“民为贵，社稷次之，君为轻”、黄宗羲的“天下之治乱，不在一姓之兴亡，而在万民之忧乐”等历史名句更具有深远的影响力。总之，从总体上看，可以判断出中华传统文化中的历史思维更加侧重于对兴衰更迭的规律的把握，对历史发展趋势、内在规律和主要动力等基本问题所提出的观点基本符合中国社会实际情况，具有客观性与进步性。

综上所述，以核心价值理念和内在思维品格为代表的中华优秀传统文化思想精华中蕴含着丰富的、穿透历史的哲学思辨和思想智慧，在当今时代依然闪耀着光芒，具有突出的

① 春秋左传注（上）[M]. 杨伯峻，译注. 北京：中华书局，2018：95.

② （清）王先慎. 韩非子集解 [M]. 北京：中华书局，2013：442.

价值，是新时代中华文化繁荣昌盛、国家文化软实力增强的重要支撑所在。同时，我们也应注意，在特殊时代背景下形成的传统文化具有不可忽视的历史和阶级局限性，在汲取其中的精华时必须克服和剔除其中的糟粕，才能使之真正发挥价值与效能。

第三节　中华优秀传统文化的当代价值

中华优秀传统文化博大精深、历史悠久。顺应时代潮流，对中华优秀传统文化进行创新性转化，实现其在当代的价值作用，可以为新时代道德建设提供启发。

一、辩证看待中华优秀传统文化

实现文化自信首先在于能理性辩证地看待中华优秀传统文化。这种理性，既要立足当今时代，通过创造性地转化中华优秀传统文化完成，又要以马克思主义为指导，加强古今联系，使中华优秀传统文化在传承中得到新的发展。这不仅是中华优秀传统文化自身的要求，更是新时代发展的需要。

（一）中华优秀传统文化与现当代文化

传统文化与现当代文化是以历史的纵向发展为基准进行划分的。但文化是流动的，而非永恒不变的，如果单纯将文化按照时间僵化地切割成“传统”与“现代”两部分，难免会陷入“文化虚无主义”与“文化复古主义”。文化虚无主义对中华传统文化所持的态度是“文化自卑”，文化复古主义对中华传统文化所持的态度是“文化自大”。这两种态度都是对中华传统文化与现当代文化的一种割裂。我们所坚持的“文化自信”，并非单纯指某一历史时期某一特定阶段的文化，而是与时代紧密相连，经由变革、创新和发展的传统文化与现当代文化的综合体。

（二）中华优秀传统文化与马克思主义

如果以历史的角度来对中华文化进行划分，1915 年陈独秀在《新青年》上的刊载文章拉开了新文化运动的序幕，可认为是中华传统文化与现代文化的分水岭。在此之前，两千多年的封建礼教下所形成的传统文化，已不能适应时代的发展潮流。五四运动之后，马克思主义开始在中国传播，古老的中华传统文化与先进的马克思主义思想在历史的长河中相遇。在马克思主义的指导下，古老的中华传统文化开始了与时代紧密结合的创造性转化，取其精华，去其糟粕，最终成为现在我们所要继承和弘扬的中华优秀传统文化。

（三）中华优秀传统文化创造性转化的必要性

中华优秀传统文化是中华民族创造出来的一种独特的民族文化。它是中华民族数千年文明的结晶，有着独特的价值内涵，其价值的实现对社会进步和人的全面发展都有着重大意义。

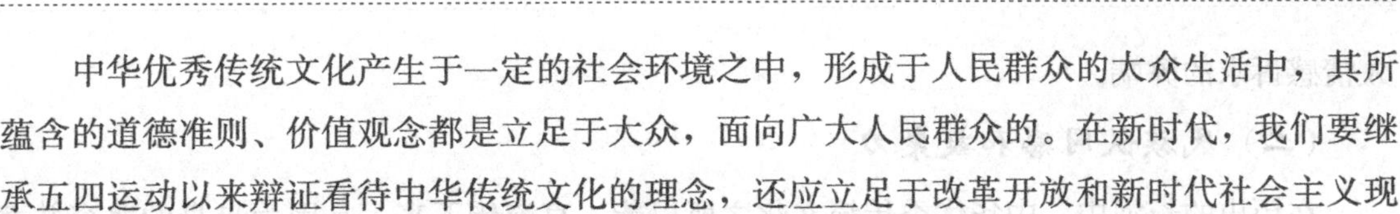

中华优秀传统文化产生于一定的社会环境之中，形成于人民群众的大众生活中，其所蕴含的道德准则、价值观念都是立足于大众，面向广大人民群众的。在新时代，我们要继承五四运动以来辩证看待中华传统文化的理念，还应立足于改革开放和新时代社会主义现代化建设实践中，创造性地转化中华传统文化，使其与当代社会发展特点相适应。

基于这样的认识，传统文化可以大致分为三个部分。第一部分是传统文化中带有鲜明封建社会统治阶级思想的阶级制度、道德观念，属于传统文化中的糟粕部分，是消极的、落后的，这部分是我们需要剔除的。第二部分是传统文化中对国家和社会具有深远影响的道德价值理念，诸如热爱祖国、诚实守信、艰苦奋斗等，到现在仍在影响中国社会发展的道德价值理念内容，是应当继续保留并传承的。第三部分是随着历史发展不断发生变化的思想道德文化，这部分文化主要是随着社会生活的发展而不断进行自我革新的部分，也是需要进行创造性转化的部分。例如，儒家思想中关于“仁”“礼”的理解，古代与当代在理解上存在着偏差，是需要根据社会发展形势进行不断革新调整的。

中华优秀传统文化能一直延续至今并不是一个自发性的过程，而是一代又一代的中国人不断传承和转化的结果。中华优秀传统文化中存在着不同成分的文化。随着时代的发展，对不同成分的辨别，有助于中华优秀传统文化更好地实现其自身时代价值，最终实现对中华优秀传统文化的继承与发展。

二、中华优秀传统文化的当代价值

（一）人文精神

人文精神是中华传统文化最主要、最鲜明的特征，主要体现在“以人为本”。早在《尚书·周书·泰誓上》就记载，“惟天地万物父母，惟人万物之灵”，指出人是天地万物中的灵秀。此后，诸子百家也围绕“人”提出了各自不同的观点，儒家提倡仁爱、道家追求自由、法家提出兼爱。中华传统文化以“人”作为一切的出发点，以人为本，将人的“修身”道德养成作为根本目标。先是“修身”，之后才是“齐家，治国，平天下”。而在治国之道上也同样提出了“水能载舟，亦能覆舟”。这些都构成了中华优秀传统文化中以人为本的重要内核。

在新时代，中华优秀传统文化中以人为本的理念依然具有鲜明的时代价值。无论是抗击新冠疫情所传达的人民至上、生命至上的理念，还是全面建成小康社会、打赢脱贫攻坚战，都充分体现出中华民族千百年来的文化中所强调的以人为本的人文精神对于中国社会发展的影响。

近年来，我国教育十分推崇科学思维，对人文思维的培养有所忽视。因此，将中华优秀传统文化引入高校教育，有助于培养高校学生在思维方面的全面发展，使其更具人文关怀品质，也有助于实现新时代高校教育目标，从而避免以往注重知识技能的培养而忽视个人情感诉求的弊端。

（二）民族认同感和凝聚力

在历史的长河中，中华优秀传统文化之所以能一直流传下来，是因为自身的兼容并蓄使各民族智慧得以汇聚，并成为凝聚各民族归属感和认同感、推动社会和时代发展的重要力量。

从屈原的“长太息以掩涕兮，哀民生之多艰”，到顾炎武的“天下兴亡，匹夫有责”，古代历史上无数诗词篇章记录下了古人对于国家的矢志不渝。从一声炮响到嘉兴画舫，再到新中国成立，近代无数仁人志士也在古人的诗篇中得到激励，前赴后继为民族振兴而不懈奋斗。在当代，不论是抗击新冠疫情还是打赢脱贫攻坚战，都离不开中华民族血液里流淌的中华优秀传统文化所给予的精神力量，中华儿女万众一心，众志成城，才使中华民族一次又一次地战胜困难。

中华优秀传统文化是一个纽带，将身处世界各地的中国人紧紧缠绕。每一个重要时刻的诞生，都能激起中华儿女对于中华民族的认同感和自豪感。反过来，这份对于国家、对于民族的认同感和自豪感，又在继续鼓舞一代又一代的中国人不断为中华民族的灿烂明天作出自己的贡献。现在我们站在新的历史起点上，肩负着实现中华民族伟大复兴的重担，在面对不断加大的外部压力时，中华优秀传统文化所蕴含的精神力量仍在鼓励我们奋勇向前，不断进取，为实现中华民族的伟大复兴而贡献出自己的力量。

（三）以“德”为中心的价值取向

从古至今，中国一直注重人的德性的形成和培养，注重“德”在社会发展中的重要作用。《论语》开篇句“学而时习之，不亦说乎”中的“学”与“习”指的就是对于德性的修养和实践。《大学》也对“德”提出了要求：“大学之道，在明明德，在亲民，在止于至善。”将个体道德的价值标准归结于君子之“德”，是千百年来世世代代中国人所遵循的价值取向，也是学习中华优秀传统文化所必不可少的部分。自进入 21 世纪以来，随着信息技术的高速发展，中国改革开放不断深化，对外交流越来越频繁，各种文化思潮与价值取向犹如一把双刃剑，稍有不慎，便会对当代青年造成严重的负面影响。因此，以“德”为中心的中华优秀传统文化的价值取向是应对这把双刃剑的重要手段。“德”既包含了国家层面上的爱国主义，也包含了个人层面上的严于律己，还与时代发展潮流结合在一起，以中华优秀传统文化作为底蕴滋养人，以社会主义核心价值观作为时代准则约束人。这样的价值取向可以引导人们自觉抵御不良思潮所带来的负面消极影响。

三、实现中华优秀传统文化当代价值的意义

（一）增强文化自信

萨缪尔·亨廷顿在《文明冲突与世界秩序的重建》一书中提出，未来世界将是以文明

为博弈主体的全球冲突，文明是文化发展的最高形式。

习近平总书记指出：“文明特别是思想文化是一个国家、一个民族的灵魂。无论哪一个国家、哪一个民族，如果不珍惜自己的思想文化，丢掉了思想文化这个灵魂，这个国家、这个民族是立不起来的。”[①]。因此，树立文化自信是十分必要的。

文化强则国家强。实现文化自信，就必须做好中华优秀传统文化与时代发展相结合的工作，既要传承传统历史又要立足当下，避免“文化自大”与“文化自卑”。博大精深的中华优秀传统文化是文化自信的“灵魂”，爱国情怀、奋斗精神、革新意识等千百余年所传承的文化理念，早已根植于每个中华儿女的心中，构成了中华民族特有的精神世界，并在世世代代的生活实践中，形成了独特的世界观、人生观和价值观，成为影响周边国家的中华文明。

（二）提高文化软实力

和平与发展仍是当今世界主题，世界格局多极化、全球化是不可逆的趋势。世界各国的经济、文化、政治等方面越发紧密相连，牵一发而动全身。

1990年约瑟夫·奈在《外交政策》上首先提出“软实力”概念。“软实力”是一种通过文化与意识形态的感召力而吸引他人的能力，是未来综合国力的重要组成部分。如今，文化软实力已经成为世界各国展现各自影响力的主战场。西方国家凭借自身优势，率先通过影视作品、书籍和文化交流等活动，积极宣传自身文化和价值观。

相对于西方国家，中国文化软实力发展起步较晚，但中国在文化软实力的建设发展中一直加快追赶步伐。中华优秀传统文化作为中华民族千百年来的文化血脉和精神力量，曾对世界的发展起到重大的推动作用。在新时代继续传承中华优秀传统文化，有助于提高中华文明的影响力，增强中国文化软实力，讲好中国故事，传播好中国声音，展现可信、可爱、可敬的中国形象。

在新时代，应弘扬和传承中华优秀传统文化，坚定文化自信，加强文化软实力建设；建立中国主流媒体对外传播的平台，利用网络数字新媒体，传播中华优秀传统文化，宣传正确的舆论导向，全面提升国际传播能力，形成同我国综合国力和国际地位相匹配的国际话语权；深化文明交流互鉴，推动中华文化更好地走向世界。

---

① 习近平．习近平谈治国理政：第一卷［M］．北京：外文出版社，2014.

第二章　中华优秀传统文化教育和传播现状

随着社会的发展与进步，政治经济全球化的进程加快，人们接收的信息越来越复杂多样，接收的文化种类也越来越多，文化融合成为一种趋势。虽然近年来对中华优秀传统文化的重视程度越来越高，但在其背后，当前中华优秀传统文化的教育和传播仍存在一定的问题。

第一节　中华优秀传统文化教育现状分析

“理想很丰满，现实很骨感”，这句流行语用于中华优秀传统文化教育的现状也有那么点贴切。中华优秀传统文化教育的必要性自不必言，但由于先前没有统一的标准要求，近年来一直处于散落状态，有被弱化、虚化甚至边缘化的趋势。直视现实，中华优秀传统文化教育面临诸多困难。

一、中华优秀传统文化教育面临的理论问题

（一）中华优秀传统文化教育的时代定位问题

中华优秀传统文化教育是在正确教育理念的指导下，使中华优秀传统文化教育正常化、规范化，并在一定时期内形成较为稳定有效的教育结构。比如，中华优秀传统文化教育的主要内容、方式方法以及具体的操作措施，不能原地踏步，应按照教育部印发的《完善中华优秀传统文化教育指导纲要》的要求，有连贯性和稳定性的考虑。因此，首先要对中华优秀传统文化教育有一个全新的时代定位。

1. 中华优秀传统文化教育理念上的定位

党的十七大首次提出要“加强中华优秀传统文化教育”。党的十八大对传统文化教育及传承继续作了部署，“建设优秀传统文化传承体系，弘扬中华优秀传统文化”。党的十九大明确指出，“推动中华优秀传统文化创造性转化、创新性发展，继承革命文化，发展社会主义先进文化”。党的二十大指出，“中华优秀传统文化得到创造性转化、创新性发展，文化事业日益繁荣”，“发展社会主义先进文化，弘扬革命文化，传承中华优秀传统文化”。这一系列重要论述充分肯定了中华优秀传统文化在我国素质教育中的地位和作用，明确了中华优秀传统文化在教育理念上的定位。

2. 中华优秀传统文化教育目标上的定位

中华优秀传统文化教育应从以下五个方面着手努力，立足于国家和社会的需要，促进人的全面发展，为现代社会培养高素质的人才。一是文化素质教育。文化素质教育会使受教育者对中华优秀传统文化精神产生理性的认识和认知；同时通过比较分析，了解和把握中华优秀传统文化对世界文化发展的贡献，树立高度的文化自信。二是通识教育。对中华优秀传统文化教育进行通识教育，有利于受教育者陶冶情操、克服功利，增广见闻、避免狭隘，既顺应其身心发展的需要，也对中华优秀传统文化教育的课程设置提出了更高的要求，各类院校应开设与中华优秀传统文化有关的素质教育课程，用传统文化中的爱国、重义、仁爱、诚实、守信等高尚品质促进人的自由、和谐、全面的发展。三是爱国主义教育。爱国主义在历史的任何一个时期都表现为对民族精神的升华，通过对受教育者进行“天下兴亡，匹夫有责”的爱国主义教育，不仅能使之了解中华优秀传统文化的主要精神，更能培养爱国情感、激发爱国热情。四是人文精神培养。对受教育者进行人文精神的培养是一个慢功夫，通过借鉴中华优秀传统文化实施人文精神教育，有助于理解和认识中华传统文化中的优秀要素和传统思维方式，促使人们在人生发展、社会交往和工作态度等方面形成良好的行为习惯。五是完善人格的培养。一个人最终能攀上成功的巅峰，在很大程度上取决于人格的伟大。从小培养受教育者健全的人格，树立自觉、自主和自择的独立意识，教育其做人的道理，不仅是对其人格的完善，更是让其成长成才的重要途径。

3. 中华优秀传统文化教育体制上的定位

“天下兴亡，匹夫有责”的爱国精神，“天行健，君子以自强不息”的进取精神，扶正扬善、恪守信义的社会美德，圣贤先哲的至理名言、诗词歌赋、感人事迹，等等，在中华传统文化中可以说是不胜枚举，反而有关中华优秀传统文化的教育在我国教育体系中处于被淡漠化、被边缘化的状态，这是极其不正常的。出现上述情况，在很大程度上是因为受到当前“成绩大于素质”的应试教育体制的影响和制约，从学生到家长，再到学校，一味追求高分数、好成绩、高就业率，毕业后找份好工作，而忽视了对受教育者自身人文素质和人文精神的教育与培养，所以，要改变这种不合理的现状，必须将中华优秀传统文化教育正式纳入教育体制，在体制上对中华优秀传统文化教育重新定位。应充分肯定加强中华优秀传统文化教育的积极意义和现实价值，善于挖掘优秀传统文化中符合时代发展的内容，且赋予新的时代内涵，形成既与优秀传统文化一脉相承又与当今社会相适应、与现代文明相协调的具有中国特色的中华优秀传统文化教育体系。

（二）中华优秀传统文化教育中世俗化和超越性之间的问题

“世俗化”和“超越性”是从宗教中衍生出来的两个词，世俗化就是人间化，指人从对天国、神意的信仰与意识形态迷信中摆脱出来，运用自己的心智，用最有利于达到实际效果的方式来谋求人间的幸福。在这个意义上，世俗化是人类历史发展不可逆转的潮流。

那么中华优秀传统文化教育的世俗化就是要在全民中实施中华优秀传统文化教育，要以弘扬爱国主义精神为核心，以家国情怀教育、社会关爱教育和人格修养教育为重点，立足于培养理想人格，整体提升社会公民的个人素养。而超越性则强调人的自由，主张张扬自我的个性与创造，不一味单纯地迎合现实生活，而是保持与现实生活的一种自觉的距离。自然地，在中华优秀传统文化教育的过程中，这种融合当今时代的主流价值观的世俗化与追求自我创造、无限自由的超越性便形成了一道若即若离的鸿沟。

中华优秀传统文化教育表现出一种特质，即实用理性精神教育。在教育过程中它强调的是对现实的关怀：不是拘泥于“什么”而是关心“怎样”。当有人向孔子“问孝”“问仁”时，孔子回答的并非什么是孝、什么是仁，而是从怎样做才是孝或仁的角度加以回答。关注现实、强调实用已经内化为中国人传统的气质性格和思维方式。因此，中华优秀传统文化教育便更多地表现为一种世俗的活动、世俗的价值。回望中国古代的思想文化，被强行赋予了厚重的专制体制，人心的自由受到压抑是不争的事实。然而，随着人们时代意识和思想觉悟的提高，“自由的教育”的主题越来越被提倡，中华优秀传统文化教育作为一种启蒙的祛弊行动，主要就是让受教育者可以通过教育而直面真善的自我，在思想与行动的时间维度里逐渐塑造出一个具有独立思维、自我负责却心怀全社会的人，为了完善自我而教育自我。中华优秀传统文化教育更多的关注点应是人的知性与德性的生长。“人人自有佛性，自悟即成佛”，这便是通过世俗的中华优秀传统文化教育通向个体自由的一个途径。

二、中华优秀传统文化教育面临的现实困难

（一）道德滑坡的危机

近年来，中国社会道德问题事件普遍存在而又频频发生，折射出国人的职业道德、社会公德、家庭美德及个人品德都受到挑战，一桩桩血淋淋甚至是付出生命代价的事件挑拨着人们的神经，突破着人们的心理底线，为我们敲响了国人道德滑坡的警钟。

鲁迅先生曾在《文化偏至论》中一针见血地评说：盲目地追求物质，就会忽视精神追求，物质对于精神的抽空和挤对，进而带来德性下沉和沦丧。可以说，道德的丧失，人心的麻木冷漠，信仰、信用的荡然无存是精神空虚、文化缺失的必然结果。这也将是对传统文化的严厉打击，是对中华优秀传统文化教育的严重考验。

（二）多元文化的冲击

多元化是当下社会文化发展的鲜明特色。近年来，由于受多元文化特别是西方文化的影响，以仁爱、孝悌、忠信、和平、谦恭、中庸、勤俭、自强等为美德的中华优秀传统文化受到不同程度的冲击。比如，对父母的孝心和赡养、对师长的尊重观念在许多人的心目中已大打折扣，甚至很淡漠，其根本原因是缺少对父母、对师长的感恩意识。一个人缺失

感恩意识就很难对他人、对社会有责任担当，更是滋生自私自利、人情冷漠、社会道德滑坡的先兆。

当今的世界是开放的世界，当今的中国是改革开放的中国，在这种国际国内的大势下，上述情况首先使我们深感中华传统文化的危机，应加强对本国传统文化的认同，加深对优秀传统文化教育工作重要性的认识，让青少年学会欣赏中华优秀传统文化。如儒家学说提倡的以和为贵、以人为本、人与人相敬相爱、人与自然相近相亲的“人本位”的思想，是西方“利本位”主义无法比拟的。我们要充分利用这些丰富而宝贵的资源，融合时代元素，为中华优秀传统文化教育及发展创造一个强有力的平台。其次要有世界眼光，对于外来文化一定要取其精华、去其糟粕。借用杨先农①先生的一句话：“对于国外优秀的文明成果、文化因子，一定要借鉴学习。”换句话说，就是客观地审视外来文化，接受外来文化里有益于自己的成分，使中华优秀传统文化变得更有底蕴、更强大，而不是盲目跪倒在西方文化之下，拾人牙慧，正如王阳明所谓“抛却自家无尽藏，沿门持钵效贫儿”。在多元文化的冲击下坚守和发展中华优秀传统文化，才能不断扩大民族文化的认同感和凝聚力，才能坚定国人的情感、立场和态度，我们的民族文化才能熠熠生辉，中国才能在世界上发出属于自己的更加响亮的声音。

（三）应试教育模式的阻碍

中国的应试教育可追溯到1000多年前的科举制度，它通常被视为一种偏重于通过考试，以学生分数的高低来衡量和划分其所就读学校等级的教育模式。首先，在具体的教学实践中，教师把注意力集中在让学生单纯地记忆和掌握一些传统文化知识与某些民间工艺方面，却不注重把握这些传统文化的特色以及从中折射出的民族的优秀精神，致使优秀传统文化成了教条、教义，失去了其真实内涵和人文素质教育价值。其次，应试教育致使社会和学校甚至学生家长更加关注学生的分数和相关的考试科目，忽略了其他科目的教育。比如，一些学校没有开设美术等传统文化科目，而这些科目中有很多传统文化教育的内容，致使学生接受不到这些传统文化教育。最后，由于受应试教育陈旧观念的影响，加之先前对中华优秀传统文化教育的标准要求不明确、各地区各学校以及教育机构的课程体系不完善、教师素质参差不齐、教学方法和教育途径单一等现象十分普遍，教育效果不尽如人意。

举一个真实发生的案例，某大学老师是中华传统文化的志愿者，她自费购买了许多中华优秀传统文化的书籍、光盘，如《论语》《弟子规》等，上门去本地小学生家进行免费教学宣传，但十有八九会被家长拒之门外。理由是这些对考试没用，孩子还有很多其他的学习任务。由于受应试教育的影响，许多家长急功近利，只要求孩子“成才”，忽略了传

① 杨先农，四川省社会科学院毛泽东思想（邓小平理论）研究所所长。

统文化对孩子的启蒙教育。事实证明，孩子对优秀传统文化的态度和认知，与家长的认识和引导有十分密切的关系。如果家长适时给予正确的引导，就会使孩子从小建立起对中华优秀传统文化的兴趣和热忱，从内心喜欢传统文化，步入学校后更愿意学习传统文化，并自觉地去传承传统文化。

（四）重形式、轻精神的教育现象普遍存在

每年的 9 月 28 日是孔子的诞辰纪念日，每逢此日，海峡两岸的中华儿女都会举办各种祭祀活动，以表达对于至圣先师孔夫子的尊重，重温他为我们这个民族所留下来的宝贵精神财富。比如，孔子诞辰 2565 周年之际，武汉大学要求学子们身着汉服，在古礼唱声中向孔子等先师们行古礼。那么是不是学会了祭祀中的一些礼仪就代表继承了先哲们的圣贤之道呢？答案是否定的。在古代，祭祀的实质是对人性崇高的一种心灵祭奠，祭祀只是一种方式与过程。正如孔子第 75 代嫡长孙孔祥楷先生所认为，人们纪念孔子，是因为这个 2500 多年前的老人说的话，直到今天想起来还是很有道理。比如，“有教无类”“温故而知新”“己所不欲，勿施于人”等依然能指导当今的社会生活与秩序，这是中华民族的宝贵财富。我们在追念孔子功德的同时，更要意会孔子思想主张中维系国家、社会正常秩序的制度及其观念等，其中符合当代社会价值取向的“仁者爱人”、“泛爱众”和“诚实守信”更是值得我们传承和发扬的。随着市场经济的发展，许多中华优秀传统文化的内涵被扭曲，甚至面临流失，这样的代价将是惨烈的。那么在我国经济发展的同时，又该如何保护传统文化呢？毋庸置疑，应重视中华优秀传统文化精神内涵教育，取其符合当代社会价值取向的精神内涵，注重精神实质的教育，改变当今重形式、轻精神内涵教育的现状。

如今中华传统文化的教育形式多为拜石像、释菜礼、成人礼、诵读国学经典等，当然，这些教育形式也不能全盘否定，传统文化教育可以从活动形式开始，借助形式对中华优秀传统文化蕴含的民族精神、道德情操、人文涵养进行深人挖掘和宣讲，从而达到对精神内涵的继承和发扬。中华文化博大精深，除了用适当的形式将优秀传统文化表现出来，更为重要的是探寻其内涵，并让这种文化积淀渗透到血液中，让它在新时代永葆厥美。

（五）缺少良好的中华优秀传统文化教育教学系统

近年来，有些学者提议全民重温中华经典，还有些学者以不同方式进行了不同程度和不同影响的宣传，让许多人激发了重学中华传统文化的热情。比如，有些人开始读《史记》，研究历史人物，对比儒家、道家、法家的核心思想；有的学校组建国学社，自编中华优秀传统文化读本（包含古文、古诗、古曲、古词、对联、字谜等内容），开展国学朗读活动，带领学生练书法、修形体、学功夫扇等；有些寺庙也组织开办国学培训班招生授课；此外，有些培训机构还专门推出将国学文化与企业管理相结合的培训课程，如“弟子规与职业化塑造”“传统文化与员工管理”“国学——高效高能之路”等，据了解报班参加培训的企业还不少。

目前社会层面种种“国学热”的现象，恰恰反映出我国尚缺少良好的中华优秀传统文化教育教学体系。各地区、各学校及教育机构依据各自对传统文化的理解，对中华优秀传统文化的教育内容没有做到统一规划和整体设计，导致课程门类孤立化、教育内容碎片化；地方教育理念不到位，导致中华优秀传统文化教育场所局限于校园，教学手段单一，主要依赖于教材；教师队伍水平无法得到整体提高，简单的识记型教学方式导致课堂上往往出现堆砌文化常识的现象……如此中华优秀传统文化教育背景下，不要说中小学生，即使是一些受过大学文科专业教育的人，传统文化的知识也并不是很丰富。

人的一生中从幼儿园到大学，大部分时间是在学校度过的，所以学校是树立正确的人生观、价值观、道德标准的最重要的地方，是实施中华优秀传统文化教育最主要的阵地。学校虽然有语文和历史等相关课程，但基于追逐升学率，中华优秀传统文化教育流于形式，停留在书本上，没有落实于学生的实践和行动上来。在完善中华优秀传统文化教育体系的过程中需要改变教育导向，关键在于中华优秀传统文化教育要系统融入课程和教材体系，既要融入语文学科，又要融入历史、艺术等其他相关的课程；既要融入显性课程，又要融入隐性课程；既要声势浩大的活动，更需要平时知识点的“滴灌”。在教育的全过程中应严格按照《完善中华优秀传统文化教育指导纲要》的要求，分阶段系统地进行中华优秀传统文化教育，让传统文化教育和整个教育系统融会贯通，博采众长。

第二节　中华优秀传统文化传播现状分析

一、中华优秀传统文化传播的媒介方式

中华优秀传统文化在当前的社会环境下，在当代人的观念和社会实践中，想要变得“活”起来，必须不断回应时代的挑战，进行与时俱进的发展和创新，彰显一定的时代价值。传统文化时代价值的彰显，通过媒介来传播是一种重要且非常必要的手段，因此当前传统文化的传播具有深刻的时代意义和价值。在此，就当前中华优秀传统文化传播的主要媒介方式进行简要分析。

郭庆光在《传播学教程》中根据媒介的时间发展顺序，将传播方式归纳为“口语、文字、印刷和电子传播时代”①，而“中华优秀传统文化起源于我国古代的传统农业文明，其在古代社会的传播媒介有语言媒介（谚语、格言、歌谣）、文字媒介、非语言媒介（服饰、礼仪、建筑）等”②。然而随着时代的发展，在当前的社会环境下，纸媒、电视和新媒体成

---

① 郭庆光．传播学教程：第2版［M］．北京：中国人民大学出版社，2011：28．

② 晏青．泛娱乐时代的传统文化传播：困境、方法与走向［J］．广西师范学院学报（哲学社会科学版），2015（3）：144．

为传统文化传播的主要媒介。

中华优秀传统文化的产生和发展都与其传播密切相关，而传播又依赖媒介。中华优秀传统文化在不同的时代有不同的主要媒介传播方式，不同的媒介传播对传统文化发展的影响也不同。随着经济的迅速发展，人们的物质和文化需求逐渐增多，人们开始更多地关注中华优秀传统文化，受众接收的传统文化信息数量也逐渐增多。近年来，传统媒体如报纸和电视，以及新媒体如网络、手机等，在传播传统文化时，传播内容都有所增加，传播形式也越来越多样化。受众也在选择自己喜欢的媒介形式接收信息。当前传统文化主要以报纸、电视等传统媒介形式和网络等新媒体形式为传播载体，这些媒介形式在传播传统文化过程中展现了我国多样化的传统文化的类型与内容，对构建独具中国特色的文化氛围和体系发挥了不可替代的作用。

（一）以报纸为载体的传统文化传播

在数字技术发展成熟之前，传统文化的各类信息是通过报刊等传统媒介进行传播的，虽然当前传统纸媒受到来自新媒体的冲击，但仍然是传统文化传播的一种重要媒介形式。当前许多主流媒体的新闻客户端和 App 上的新闻生产也依赖于报纸上高质量、深度报道的传统文化内容，因此报纸仍然是一种不可替代的传统文化传播媒介形式。当前，得益于国家政策的重视，作为传统媒体的报纸，开始越来越多地提及“传统文化”，各种与传统文化相关的文章层出不穷。传统文化传播的主要报纸类别可分为以下几种。

1. 传统文化类报刊

例如，《中国文化报》是我国文化类第一大报，是中华优秀传统文化传播的权威性报纸，刊登的文化类文章有一定深度。《中国文化报》自创刊以来对传统文化的报道源源不断，在报道内容上不断深入、在报道形式上不断出新。此外，《文化艺术报》作为专业性的文化类报刊，每期刊登深度传统文化内容，并销往其他国家，为我国文化的跨文化传播作出不可磨灭的贡献。

2. 主流党报

此类纸媒的传统文化报道多以传统文化政策宣传、传统文化政治报道、传统文化新闻和人物访谈为主，形式相对比较单一，内容也相对简单，如《人民日报》和《光明日报》等。主流党报对传统文化的传播起着政策引领的作用。

3. 地方性纸媒

地方性纸媒对具备地域特点的传统文化的传播发挥着不可替代的作用。因其拥有地域性的独特优势，对地域性传统文化的报道内容更加具体，特别是对地域性传统文化传人的采访更为深入，如济南的《齐鲁晚报》曾对泰山皮影的第七代传人进行采访报道。

对于报纸这一传播媒介来说，虽然报纸上各类传统文化信息的报道形式相对来说比较固定、单一，许多主流党报刊登的传统文化报道还拥有一定政治性的传播目的，但其传统

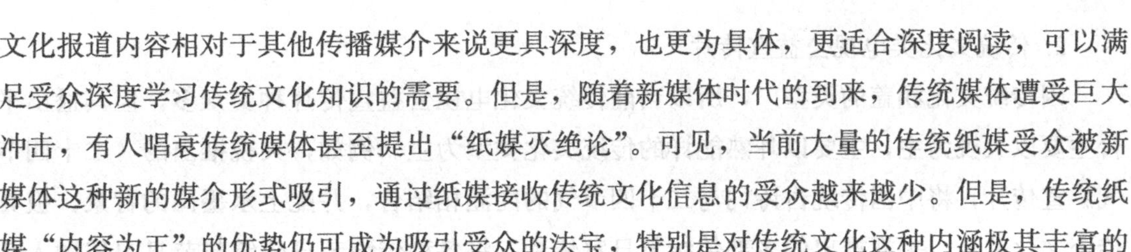

文化报道内容相对于其他传播媒介来说更具深度，也更为具体，更适合深度阅读，可以满足受众深度学习传统文化知识的需要。但是，随着新媒体时代的到来，传统媒体遭受巨大冲击，有人唱衰传统媒体甚至提出“纸媒灭绝论”。可见，当前大量的传统纸媒受众被新媒体这种新的媒介形式吸引，通过纸媒接收传统文化信息的受众越来越少。但是，传统纸媒“内容为王”的优势仍可成为吸引受众的法宝，特别是对传统文化这种内涵极其丰富的文化类型。

（二）以电视为载体的传统文化传播

对于以电视为载体的传统文化传播来说，电视这种传播形式使传统文化传播的内容更加丰富，视听效果给人带来的感觉也更加直观。在当前的传统文化传播过程中，电视这一传统媒体将各类传统文化内容也深深融入创作中，不断挖掘传统文化的深刻内涵，深受各年龄段受众的喜爱。

当前电视中的传统文化传播内容多样化，不仅有传统文化非物质文化遗产代表人物的内容，也有各种不同类型的传统文化内容，如诗词、汉字等。其传播形式也多种多样，当前其传播类型以传统文化综艺节目为主、各类传统文化公益宣传片和电视专题片为辅。各类节目所展示的传统文化的类型多样，不仅包括耳熟能详的传统文化，还包括地域性的特色文化等。在传播过程中，这些节目深入挖掘传统文化内涵，力求深度传播，并在节目中邀请专家点评，讲解传统文化深度知识。

1. 传统文化类电视综艺节目

中央电视台（以下简称央视）作为领头羊，创办了多档传统文化电视节目，从 2012 年的《百家讲坛》到 2013 年的《中国汉字听写大会》、2014 年的《中国成语大会》，再到 2016 年的《中国诗词大会》，每档节目都带来了不俗的收视率，提升了受众对中华优秀传统文化的关注度。2017 年央视播出的《中国诗词大会》（第二季）得到很高的关注度，多家党报发文评论此档节目，受众也对此产生一定的兴趣，在参与讨论中，掀起一股“传统文化热”。此节目的火爆收视使观众也成为传统文化的传播者，许多观众在央视影音 App 与节目组互动评论；冠军武亦姝也成为微博热门话题，众多受众参与讨论。

省级卫视也纷纷创办传统文化电视节目，如山东电视台的《中国面孔》，以传统文化传承人的照片来了解各类传统文化；河南卫视的《汉字英雄》，以汉字这类传统文化为主，在创新节目形式的情况下，力求加入更多传统文化深度内容。越来越多的编导将传统文化元素加入收视率较高的热门综艺节目的创作中。值得提及的是，各大卫视的传统文化综艺节目收视率逐步攀升，也是传统文化热的一种表现。自 2018 年以来，各大卫视更是纷纷推出传承传统文化的综艺类节目，如央视的《经典咏流传》、北京卫视的《传承中国》等节目，深受观众好评，传统文化传播呈现百花齐放的态势。

2. 传统文化类电视公益宣传片

因传统文化涵盖的类型广，所以当前传统文化电视公益宣传片种类众多，但其播出平台主要以央视为主，主要以耳熟能详的传统文化类型为主。例如，央视推出的《二十四节气》宣传片，将中国传统古诗词与二十四节气的内涵相结合，并配上水墨画的背景，极具传统文化韵味。央视推出的多部传统节日宣传片，将各种传统节日介绍与节日习俗融入宣传片内，向观众生动形象地展现出中国传统节日的各种习俗，让观众重拾对于传统节日的记忆，重温传统节日的内涵。

3. 传统文化类电视专题片

传统文化电视专题片兴起于20世纪90年代，21世纪后更涌现出许多部颇受好评的电视专题片。传统文化类电视专题片侧重于区域性传统文化的展现。例如，央视推出的《江南》《徽州》《晋商》等，其富有韵味的解说词和恰当地讲述故事的方式具有创造性意义，能让观众深入了解当地的文化。

（三）以新媒体为载体的传统文化传播

互联网的发明让信息的传播彻底突破了限制，各类传统文化信息实现实时传播，用户使用互联网时可以进行实时互动交流，及时获得反馈。网络信息传播是目前传统文化传播最主要的传播方式，也是传统文化传播发展的趋势，互联网实现了自己独特的传播格局，衍生各类依托于互联网生存的传统文化产品。而依托于互联网技术的新媒体则是一种新的媒介形式，新媒体是相对于传统媒体的一种说法，当前已经成为传统文化传播的重要载体，其中各类传统文化的内容层出不穷，也是传统文化传播发展的方向。

各类传统文化网站为传统文化信息传播与交流提供了平台。主流媒体的网站也纷纷加大传统文化的报道力度，人民网关于传统文化的报道超过10万篇，凤凰网关于传统文化的报道超过20万篇，中国新闻网对于传统文化的报道也超过4万篇。从上述数据可以看出，当前各主流媒体网站对于传统文化的报道数量基数很大。专业性传统文化网站也层出不穷，如中国孔子网，已然成为以弘扬儒家文化为主要任务的新媒体。

近年来，移动互联发展迅速，我国已步入移动互联时代。在移动互联时代受众接收信息的方式发生变化，互联网为传统文化的传播注入新的活力，各类传统文化应用成为传统文化信息传播的主要形式。各大传统文化网站为顺应时代需求，纷纷推出自己的微信公众号、微博，进行移动互联时代的传统文化信息传播，并与受众互动。中国孔子网结合当下移动互联的发展，创办了自己的微博、微信公众号，并结合当前移动互联的发展状况，进行祭孔典礼网络直播。除此之外，各类传统文化手机 App 也应运而生，如“每日故宫”“故宫陶瓷馆”等，每款 App 的设计都拥有自己独特的文化风格，传播特定的传统文化知识。

新媒体的平台与纸媒和电视的传播特点有很大不同，在新媒体平台可以接收任何报纸

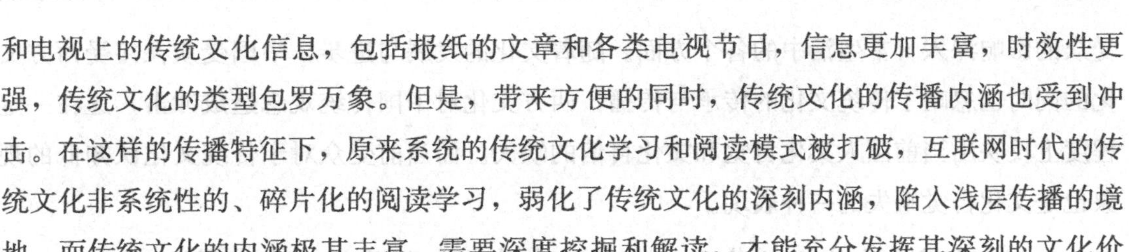

和电视上的传统文化信息，包括报纸的文章和各类电视节目，信息更加丰富，时效性更强，传统文化的类型包罗万象。但是，带来方便的同时，传统文化的传播内涵也受到冲击。在这样的传播特征下，原来系统的传统文化学习和阅读模式被打破，互联网时代的传统文化非系统性的、碎片化的阅读学习，弱化了传统文化的深刻内涵，陷入浅层传播的境地，而传统文化的内涵极其丰富，需要深度挖掘和解读，才能充分发挥其深刻的文化价值，使其成为社会主义核心价值观的有效补充。

二、中华优秀传统文化传播所存在的问题

中华优秀传统文化是千百年来中华文明发展的沉淀与凝练，传承传统文化可以加强整个中华民族的凝聚力，而传承中华优秀传统文化，要借助、依靠传播，深刻挖掘中华优秀传统文化的内涵和价值来实现。然而，在当前的社会传播环境下，传统文化在传播过程中出现了种种问题，在此结合传播案例对其存在的问题及原因作出分析解读。

（一）西方传统文化冲击中华优秀传统文化观念

古代中国是以自我为中心的天下观，中国的文明远远地辐射和教育四周的各个国家，虽然这样的状况到了汉代有了一个转变，张骞出使西域刺激了中国同国外的文化交流，但这并未从根本上改变中国人的天下观。儒家思想正统地位的确立，进一步加深了中国人的传统思想观念。到了近代，兴起思想变革，儒家学说渐渐瓦解，“近代的社会变化导致了传统中国向现代中国转化，西方的价值观念以及社会、制度、习惯、语言在一百年间进入中国，传统中国的皇权国家和儒家思想开始失去了原来的土壤”①。

在互联网时代，数字传播平台为多种文化的汇聚传播提供了便利条件，特别是在当前的社会传播态势下，西方传统文化与中华优秀传统文化在这个平台上的话语权并不对等。西方传统文化的话语权仍占据一定优势，而中华优秀传统文化在话语权上总体依然处于一种相对弱势的地位。这直接导致了西方文化和传统文化网络信息传播不平等的状态。这种传播状态对西方传统文化对中华优秀传统文化的认知、认同和中华优秀传统文化的观念建构有所冲击。例如，当前虽然中国四大传统节日已成为法定节假日，但是各媒介对于传统节日文化的传播仍停留在晚会层面，缺少深入系统的传播内容。而西方传统节日文化的传播方式丰富，受众可接触到的传播内容很广，这种信息流动的不平等地位导致人们的价值观趋于西化，并且对于圣诞节、情人节的重视程度已大于端午节、七夕节等中国传统节日，各大商家在西洋节日的促销程度也远远高于中国传统节日的热度。

随着政治、经济全球化进程加快，文化交流逐渐深入，文化融合的趋势逐渐加快，文化的同质性愈演愈烈，当前受众对西方文化的兴趣度和接受度越来越高，西方文化对中国

① 程裕祯．中国文化要略［M］．北京：外语教学与研究出版社，2003：369.

受众的影响深入日常生活中的各个方面。随着文化的发展与进步，中国受众在接受西方文化的同时也忽略了传统文化的传承与传播，西方文化对中国传统观念造成冲击，这在一定程度上反映出当前国人文化自觉和文化自信的缺失。而当前受众对于传统文化认知低的现象也是文化自觉缺失的一种表现。

（二）泛娱乐化传播趋势下，中华优秀传统文化传播的内涵弱化

媒介环境学派代表人物尼尔·波兹曼曾在《娱乐至死》中写道，“真正的危险不在于传统文化已经成为大众媒介的内容，而在于大众媒介可能会成为传统文化的内容”①。波兹曼对传统文化的这种担忧，现如今已经成为现实。

泛娱乐化指“电视媒体制作、播出的格调不高的娱乐类、选秀类节目过多，人为制造笑料、噱头，恶搞、戏说泛滥，连新闻、社教类节目也掺杂娱乐元素，甚至用打情骂俏、大话性感、卖弄色相的情节和画面来取悦观众”②。在互联网的传播过程中，不少环节充斥着娱乐化的低俗信息，而传统文化是内涵和形式极其丰富的文化，传播内容的质量在网络的传播环境中，难免被污染而失去本来的内容意义。网络传播因其固有的自由随意的特性，为博得人们眼球而出现了许多披着传统文化外衣的低俗现象。这种泛娱乐化的传播倾向也普遍出现于传统文化的传播过程中，也就是说，当前传统文化的传播出现泛娱乐化的传播倾向。这对传统文化的传播来说，不是个好的信号。传统文化娱乐化传播的现象并不仅是因为网络所固有的传播特性，所以这种现象并不仅限于互联网这一媒介形式，在电视中也屡见不鲜，尤其是各类综艺娱乐节目中。

有的电视综艺娱乐节目，以娱乐搞笑的方式展现中华优秀传统文化知识。例如，通过明星人物扮演、制造笑料和恶搞等形式，试图将灿烂的传统文化展现在观众面前。可悲的是，这些综艺节目运用多样化的娱乐手段展现中国博大精深的传统文化，却获得观众的赞许。就像晏青教授所说，这种泛娱乐化传播给传统文化“带来几个方面的挑战：一是它面临前所未有的困境，娱乐手段和途径更多样化，并获得更多人的赞许；二是受众更多沉迷这种状态，产生了持久不灭的娱乐需求，对娱乐幻象有着迷醉”③。

实际上，传统文化之所以能在复杂的社会情境中绵延千年，得益于其丰富的内涵和表现形式，而现代社会这种娱乐化的传播模式打破了其原有的传播模式，致使其内涵受到一定的冲击，热爱传统文化的受众对于这种传播模式是难以理解的，而不熟悉传统文化的受众是很难从这种娱乐的形式中学习到传统文化知识的，这就使传统文化的传播陷入两难的境地。在当前社会环境的影响下，网络中低俗、娱乐化的内容不可避免地被夹杂到传统文

---

① 尼尔·波兹曼．娱乐至死［M］．北京：中信出版社，2015：2.

② 汪振军．中华传统文化精神［J］．新闻爱好者，2012（19）：1-5.

③ 晏青．泛娱乐时代的传统文化传播：困境、方法与走向［J］．广西师范学院学报（哲学社会科学版），2015（3）：144.

化的传播内容中，传统文化自身的内容和意义被逐渐消解，其文化内涵和传播价值受到一定的冲击。在自媒体时代，传统文化的传播者不仅是媒体从业人员，还包括广大受众，这就使传统文化的内容质量更加没有保证。

（三）当前中华优秀传统文化数字传播的创新性不足

麦克卢汉认为，媒介的产生和发展会影响我们理解和思考的习惯。当前数字化媒介兴起，人们的组织方式、思维方式和行为习惯都发生了一定的改变。“在电子时代，我们身披全人类，人类就是我们的肌肤。”① 麦克卢汉的论述虽然具有一定的片面性，但其预言准确地揭示出当前电子时代媒介的重要性。当前传统文化的传播需要媒介方面的创新，而当前传统文化在数字传播过程中缺乏创新性。

媒介技术可以在一定程度上推动社会文化的发展，改变其既有的媒介传播形式。中华优秀传统文化本来就是几千年来逐渐产生的，在数字化技术出现以前主要靠语言、文字和口耳相传的形式传播，非常注重人际传播、组织传播和群体传播。如今，数字化技术出现，大众传播的时代到来，传统文化原有的传播模式被彻底打破，毋庸置疑的是，当前传统文化的传播和发展需要借助数字技术。也就是说，印刷时代以书籍为主要传播媒介的传统文化，要不可避免地过渡到以互联网为主要传播媒介的现代数字技术传播时代。但是，利用数字技术传播传统文化需要进行传统文化的数字化转换，传统文化各个方面都要发生转变，而这一转换过程，对于大多数传统文化来说并不是轻而易举的。

在传播形式方面，目前主要以网站和App为主，而新技术如VR技术等，未出现传统文化相关创新形式的呈现，传播内容则主要依靠于将传统文化的各类信息“复制”到各类传播媒介上，并未有针对传统文化数字化的创新内容的呈现。例如，传统文化网站和各类自媒体仅仅将传统文化的简单信息照搬到网上，内容千篇一律，并没有针对数字化传播作出任何改变。传统文化的数字化传播需要完整的系统，但目前的数字化传播只有单一的环节，实现系统化的传播有很大难度。需要指出的是，“一种传统文化如何由口头的、生活的、文本的、图片的、影像的、身体的各种形态和介质顺利实现数字化，这一转化过程要有共同认可的数字化标准”②。显然，这样的数字化标准还未形成，传统文化的数字化转换也没有成功，创新性传播仍有很长的路要走。

例如，去剧院里欣赏京剧，京剧表演的魅力主要是通过舞台上演员的表演来展现，京剧的韵味主要在于演员的表演。著名的京剧大师梅兰芳也曾说过，京剧舞台艺术特点是“以演员为中心”的，京剧所有的戏都在演员身上。而京剧还有一个鲜明的特点就是虚拟，京剧的各种动作和展现的环境都是虚拟的，比如骑马、坐船都没有实物，都是靠演员的表

---

① 马歇尔·麦克卢汉．理解媒介论人的延伸［M］．何道宽，译．南京：译林出版社，2011：64.

② 李松，王学文．跨越数字鸿沟——信息化时代中国民俗文化数字化的现状、问题与对策［J］．西南民族大学学报，2014（6）：155-160.

演来展现的，这种虚拟的特点更加突出了演员的表演，使观众感受到一种丰富的意蕴和无穷的意味。京剧这种特殊的表演方式决定了观众只能现场欣赏，若将其展现成数字化的表演方式，将无法现场欣赏演员的唱念做打，那么京剧的魅力将荡然无存。然而当前，针对京剧的数字化传播仍缺乏一定的创新性。

我国进入数字化时代后，数字化传播成为主流，传统文化也进入数字化传播时代。但是，当前传统文化数字化传播的创新性有一定欠缺，仍以原有的人际传播和电视传播等传播方式为主要传播形式。

三、中华优秀传统文化传播存在问题的原因

（一）霸权式的文化渗透与国人文化自觉的示弱

文化能在一定程度上推动社会的走向，引发人们一定的社会认同，在文化的背后隐藏了一定的“社会领导权”，因此有了利用文化来操纵人的思想意识的说法，也就是文化霸权理论。

西方国家在文化霸权的理论认识方面，经历了一段时期的发展。雷蒙德·威廉斯最早从词源方面解释了“文化霸权”一词，随着时代的发展，马克思主义文化研究者葛兰西给文化霸权赋予了新的内涵。葛兰西的文化霸权理论认为，“国家的形成及社会秩序的维系，主要不是靠统治者高压性的统治，而是基于统治者通过各种教育、文化和传播的渠道等意识形态制度及活动，塑造共识及文化领导权”①。换言之，统治阶级可以不用暴力来维护社会的政治经济秩序或者夺得领导权，而是要抓住意识形态上的领导权。统治阶级可以在意识形态领域，以文化为依托，对被统治阶级进行领导。葛兰西提出的文化霸权理论，预示了文化与社会发展之间的重要关系，重点强调了统治阶级可以通过文化对被统治阶级进行意识形态上的领导，而非通过暴力来实现其外在的统治。

霸权式的文化渗透并不可怕，关键是国人对这种霸权思想的抵抗力、防御力。当前受众对外来文化的认同度高，国人“文化自觉”的弱化也是一个重要原因。费孝通曾说过：“文化自觉只是指生活在一定文化中的人对其文化的自知之明，明白它的来历、形成过程、在生活各方面所起的作用，也就是它的意义和所受其他文化的影响及发展的方向，不带有任何文化回归的意思，不是要复旧，但是同时也不主张西化或全面他化。”② 对于中国而言，文化自觉是对中华优秀传统文化的自知之明，了解随着时代发展与进步而不断丰富的传统文化，既不复旧也不全盘西化，是一种跟随时代而发展的中立态度。文化自觉重在自觉，自觉是文化自觉的核心和关键。自觉是随着媒介环境和社会环境的变化，既有的传统文化内涵和传统的传统文化媒介方式早已不适应，也就是出现了某种变迁，在文化上要认

① 洪向华．权威理论解析［J］．科学社会主义，2005（5）：28-30.

② 费孝通．费孝通全集：第十六卷［M］．呼和浩特：内蒙古人民出版社，2009：5.

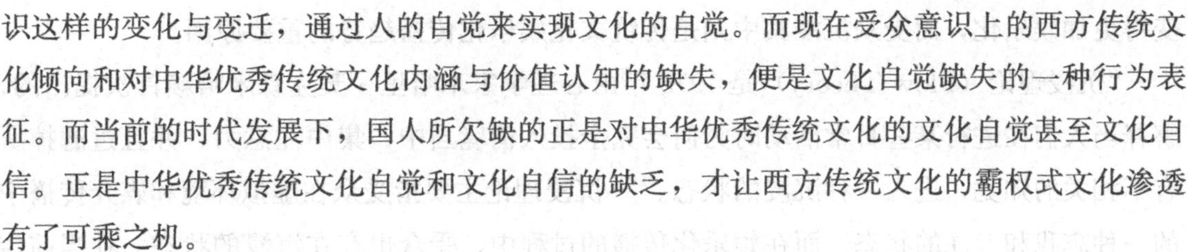

识这样的变化与变迁，通过人的自觉来实现文化的自觉。而现在受众意识上的西方传统文化倾向和对中华优秀传统文化内涵与价值认知的缺失，便是文化自觉缺失的一种行为表征。而当前的时代发展下，国人所欠缺的正是对中华优秀传统文化的文化自觉甚至文化自信。正是中华优秀传统文化自觉和文化自信的缺乏，才让西方传统文化的霸权式文化渗透有了可乘之机。

（二）消费主义的潜在影响与泛娱乐化的盛行

学界关于“消费社会”的定义最早可追溯到让·鲍德里亚1970年出版的《消费社会》一书，他在书中这样描述消费社会：“今天，在我们的周围，存在着一种由不断增长的物、服务和物质财富所构成的惊人的消费和丰盛现象。它构成了人类自然环境中的一种根本变化。恰当地说，富裕的人们不再像过去那样受到人们的包围，而是受到物的包围。”[①] 消费社会的重点是消费，也就是说，人们买东西不再是为了东西本身，而是被东西本身附加的符号价值吸引。简单的消费行为已不复存在，现阶段的消费是商品的符号和意义的消费。随着社会的发展和人们物质生活水平的提高，消费社会逐渐形成。受到消费社会的影响，社会文化相较于以前也出现了一些转变，于是在消费社会的基础上，出现了消费文化。

当前我国人民生活水平不断提高，物质富足，我国也进入了消费社会，出现了消费文化，它潜移默化地影响着人们的日常生活，而传统文化也不可避免地受到了消费社会和消费文化的影响。人们对于各种文化形式和文化产品的消费是当前传统文化传播、传承的重要基础条件，然而由于消费主义文化盛行，人们在进行传统文化消费时，更注重的不是传统文化的内涵而是其他的附加符号。这种消费行为使传统文化的传播价值被颠覆，对于传统文化的传播、传承来说，不是一件幸事。

在现如今的移动互联时代，人人都可以成为传统文化的传播者和接收者，大众传媒将传统文化的传播范围变得更广。但传统文化在符号化的过程中，现代信息消费社会的各种弊端也无可避免地融入传统文化中，传统文化被重新解读，其内涵在这个过程中逐渐瓦解。传统文化这种产生时间早、形式古老的文化，自身的魅力大而其背后的符号附加价值小，在这样的消费社会环境下，其传播空间变得更加狭窄，传播价值变得越来越低，而符合当今社会潮流的流行文化的传播空间变得更加宽广，传播价值不断提升。

娱乐在潜意识中一直是愉快的象征，而在大众文化中，娱乐也一直被推崇，然而娱乐所带来的不仅是愉快的表象，也会带来一定的困扰和消极影响。有学者认为，古罗马的角斗文化在给人们带来娱乐的同时，也直接导致古罗马的覆灭。“费瑟斯通把当今大众文化泛滥的客观状态，称为后工业社会的文化狂欢。他认为艺术的通俗化运动，传达了后现代主义那种喜剧式的甚至荒诞的精神气氛。”[②] 大众文化在当前消费主义社会环境的影响下，

① 让·鲍德里亚．消费社会［M］．南京：南京大学出版社，2000：1.

② 费瑟斯通．消费文化与后现代主义［M］．刘精明，译．南京：译林出版社，2000.

变得更加娱乐化，而受众沉浸其中则是传统文化娱乐化传播趋势的重要原因。

“沉浸理论（Flow Theory）是 1975 年由心理学家米哈里·契克森米哈赖首次提出的，解释当人们在进行某些日常活动时为何会完全投入情境当中，集中注意力，并且过滤掉所有不相关的知觉，进入一种沉浸的状态。”① 沉浸理论主要指受众在虚拟环境和媒介传播中的一种忘我和专注的状态，而在娱乐化传播的过程中，受众也存在沉浸的状态。在当前传统文化娱乐化传播趋势下，受众在娱乐化的表征与娱乐化情境中呈现出一种沉浸在忘我娱乐中的状态，上文分析的电视节目中的高收视率可以侧面体现出这种状态。受众这种沉浸于娱乐的状态使传统文化传播过程中娱乐手段和途径更加多样化。长期如此，受众可能会沉迷于这种状态，在各种方面产生更多的娱乐需求。

像传统的京剧表演，虽然演员表演的内涵丰富，但表演形式单一、舞台效果普通、与观众的互动为零、娱乐性弱，其现场观众、电视收视率和网络点击量都很少，其传播价值在这样的境遇下只会降低。而明星演唱会这样的流行文化却截然相反，明星演唱的歌曲即使没有内涵，但表演丰富多彩、舞台绚丽，而且与观众的互动性强、娱乐性强，即便门票价格高昂，观众也会买单，一场明星演唱会的收视率和点击率也相当可观。

消费主义的影响与泛娱乐化的盛行，弱化了传统文化内涵和价值的传播，长而久之，不利于中华优秀传统文化的传承和发展，削弱了国人的文化认同与文化自信的建构。

（三）传播思维固化与时代性转化不足

中华优秀传统文化是内涵丰富具有一定深度的文化形式，但在当前媒介的传播过程中，主要停留在对传统文化原有意义的传播，传播思维相对固化，缺乏对传统文化深入内涵的挖掘。在当前的传播环境下，传播者只是把简单的传统文化信息呈现到媒介上，缺乏深入且通俗化的解读甚至创新，在这样的传播模式下，传统文化逐渐成为高雅文化，无法被广大民众赏读。例如，传统文化的传播相对固定，其传播渠道也十分单一。书籍、报纸等传统媒体，依靠其固定的传播渠道，按照固定的传播流程进行传统文化传播。比如，传统纸媒仅仅通过报纸发行的形式进行传统文化传播，唐诗、宋词等通过书籍印刷的形式进行文化传播。这种单一的传播渠道需要一定的传播成本，并且需要具有传统文化知识的传播者，对接收信息的受众有一定的要求，使传统文化的传播受到限制。而新媒体出现以后，这种固定的传播局面也没有打破。

传统文化是一个不断发展变化的概念，其内涵随着时代的发展不断变化，具有因时而变、随时代而更新的传播特征。在传播传统文化的过程中其传播内容需要不断推陈出新、与时俱进地发展传播，不断丰富其时代内涵，以适应当前文化传播和社会发展的需要。

随着时代不断发展与进步，在当前的现代化建设中，提出弘扬文明新风尚的目标。然

① 宫承波．新媒体文化的生存悖论审视［J］．山东社会科学，2010（10）：31-34.

而对于一些旧的传统文化民俗活动来说，其理念与现代社会的发展理念相悖。对于那些落后的活动来说，媒体要发挥其导向作用，运用社会主义核心价值观来进行引导，彰显时代意义，融入新时代的内涵和价值观念。随着工业化浪潮的推进，地域文化面临市场短缺、手艺失传、传承断层等问题，这在客观上反映出其时代性转化的不足。面对这样的问题，对其进行时代转化势在必行。

（四）传统文化与数字转化的矛盾

托夫勒曾在《第三次浪潮》中预言，我们将迎来继农业阶段和工业阶段后的第三次浪潮，即信息化阶段。随着现代科学技术的不断发展，托夫勒的预言已经变成现实。当前由计算机技术、数字技术和网络技术所组成的信息化时代里，人们对信息的认知模式、生产方式和传播方式都在发生巨大的变化。在文化全球化的今天，中华优秀传统文化本就处于转型发展的境地，信息化、数字化的时代来临，使传播过程发生了很大改变。当前传统文化的传播正处在一个由数字技术为主的媒介传播环境中，因此传统文化的传播也不可避免地进入数字化传播时代。现代性是以工业资本主义上升为特征的生产的时代，而后现代则是一个由符号、代码和模型控制的模拟的时代。也就是说，传统文化的数字化传播要经历从现代化到后现代化的转变，从语言和文字到符号的转变。

对于传统文化来说，传统文化与数字化转换有一定矛盾。传统文化在我国有长期的历史现实基础，在文化传播中拥有独特的地位，而这种历史进程的发展决定了传统文化具有意象化和隐喻性等特点。同时，传统文化的内涵丰富，其中蕴含着人的复杂心理，具有一定的情感指向性。互联网这种新兴的传播媒介具有虚拟性和交互性等特点，与传统文化难以融合，因此各类传统文化内容在数字化的过程中，其蕴含的那些复杂的心理和情感往往难以展现。各类传统文化网站和 App 仅仅将传统文化的外在内容以简单信息、图片和视频等形式编辑到网络上，各类传统文化的内容和形式千篇一律，其真正内涵无法准确表达，受众在网络这种传播媒介的影响下也无法真正体会传统文化的内涵。

当前我国的数字化技术主要服务于传统文化数字化的某一具体的环节。我国的数字化系统相对于发达国家来说还不够健全，针对传统文化的数字化处理系统并未形成。先进的数字化技术如数字建模和虚拟现实虽正在推广，但在当前传统文化的传播、传承中尚未大规模应用。当前数字技术的缺失，导致传统文化的数字化传播程度低，传统文化传播的全面数字化时代还有一段很长的路要走。

第三章　大学生中华优秀传统文化认同的提升

第一节　大学生中华优秀传统文化认同的内涵

一、文化认同的概述

（一）文化认同的内涵

“认同”一词是由西方传入我国，曾被翻译为“同一性”“身份”“认证”“认定”等。对认同的研究主要在哲学、心理学、社会学领域。“认同”一词内涵丰富，从不同的视角看，认同有不同的含义：在心理学中，认同是个人对他人情感、态度和行为的一种模仿；在社会历史学中，认同是对自我身份的一种确定，对“我是谁，我在哪里”的自我认识；在哲学中，认同是对自身价值意义的追寻。

心理学中最早使用“认同”的是弗洛伊德。在弗洛伊德的观点中，认同对儿童的心理发展极其重要。从身边最亲的人再到社会中有成就的人，儿童开始模仿他们的行为，并使自己的行为、情感态度和价值观念与他们相同。弗洛伊德将这个认同的过程称为“自居作用”。后来，心理学家埃里克森在弗洛伊德理论的基础上，将认同系统化。在埃里克森的《同一性：青少年与危机》一书中，他提到了认同对于青少年人格及自我认同感形成的重要意义。在他看来，自我认同感是个体对自身的熟悉感，也是对自身未来生活的自信心。他将自我认同划分为四个方面：即个体性、整合性和整体性、一致性和连续性以及社会团结性。在这几个方面，个体不仅是对自身当下身份的确认，还包括对自身发展、未来身份的一种确认。社会学对认同研究比较深入，吉登斯就是其中的代表人物。在吉登斯的理论中，认同是由自我认同和社会认同组成的。吉登斯认为自我认同是个体对自身的反思，而社会认同是个体在周围环境影响下，通过学习，与其他个体保持一致的情感。因此，认同对个体成长具有重要的意义。

认同是指共同或相同的东西进行的确认。“但是对这种共同性进行相互确认，只有在人与人之间的关系中才能够做得到。”① 认同存在于关系之中，本质上就是一种关系，认同

① 崔新建．文化认同及其根源［J］．北京师范大学学报（社会科学版），2004（4）：102.

关系就是人与人、人与群体以及人与社会的关系。而认同与认可不同，认可是同意某些事情，而认同是赞同某些事情；认可强调事情的结果，而认同指事物的过程。

当前，人们研究认同的范围极广，根据不同维度，可以研究的认同内容丰富多彩。从社会层面维度，认同包括个体认同、群体认同、民族认同、国际认同等。从社会部门维度，认同涉及经济、政治、社会等各个方面，文化在其中具有重要作用。一方面，个体认同、群体认同和民族认同都离不开文化认同的影响；另一方面，认同中个人对其身份的确认，也离不开文化的影响。因此，文化认同是核心。

文化认同是对自我身份以及身份正当性的确认。"一方面，通过自我的扩大，把'我'变成'我们'，确认'我们'的共同身份；另一方面，通过自我的设限，把'我们'同'他们'区别开来，划清二者之间的界限，即'排他'。这两个方面是不可分割的。"[①] 同时，文化认同反映着人们对文化的认识和接受程度，因而文化认同是一个由表及里逐渐发展的内化过程。文化认同不仅是浅层次的形式认同，而且是更深层次的价值认同。

本章中所写的大学生中华优秀传统文化认同是对文化价值的肯定，也是一种倾向性共识。大学生中华优秀传统文化认同是一种认同过程，大学生不仅认同它的内容、价值，同时对中华优秀传统文化有着积极向上的情感，进而形成一种践行过程，实现自己的个人价值。

（二）文化认同的表现

人们对文化认同首先表现在对文化外在形式的肯定，表现为对文化的喜爱。文化认同不是人生而存在的，而是在后天成长环境中获得的。在这个过程中，人们通过日常生活中常见的文化因素来影响文化选择，选择自己喜欢的文化，进而加深这种文化对自身的影响。例如，认同中华优秀传统文化，首先表现在对中华优秀传统文化中丰富文化形式的喜爱，其中中国传统节日是对中国人影响深远的文化形式，由于它们的存在，增强了民族凝聚力。

其次，文化认同表现在形式基础上的价值认同。价值认同是文化认同中最核心的部分。价值认同体现为一种文化情感，是对文化的归属感。文化归属感反映个体对群体的认同，以及群体价值的体现。中华优秀传统文化认同就是一种强烈的文化认同情感，是对这种文化的文化内容、价值的肯定，具有强烈的民族凝聚力。

最后，文化认同表现为文化实践过程。这个过程中，将所认同的文化价值表现出来，形成具体的文化行为。文化行为体现人们对文化价值的"外化"过程，最终通过具体的方式来表达自身的文化情感，将其运用于社会实践。中华优秀传统文化认同是一种重要的文化行为，是弘扬本国文化、发挥其当代价值的体现。

---

① 崔新建．文化认同及其根源［J］．北京师范大学学报（社会科学版），2004（4）：103.

（三）文化认同的特点

第一，文化认同是自己身份的确认过程。文化认同需要人去完成，才能实现自我认同。文化认同是一个认同过程，只有通过个人自我认同后，对所认同的事物具有安全感，才能实现文化认同。文化认同也是确认共同的身份，是与其他事物相区别的一种表现。

第二，文化认同是可变的和可选择的。文化认同不是人们生而存在的，而是在后天习得的，因此文化认同是可以改变的。人们可以有多种文化认同，可以在不同的文化认同中选择，这些主要表现在人们对文化方式、思维方式、行为方式的选择。由于文化认同是可变的和可选择的，因此人们的文化选择具有多样性，文化认同也是多样的，并且一个个体不是仅有一个文化认同，而是具有多种文化认同的个体面临着文化认同的选择。

第三，文化认同中冲突与认同并存。不同文化之间的碰撞、对抗、交锋导致冲突使文化之间相互竞争、相互争论。文化冲突产生的原因是人们对于不同文化的认同，即人们对于自我身份和角色的不同认知，也就是身份上的冲突。文化冲突往往引起文化认同危机，但文化冲突也会强化文化认同，因此文化认同和文化冲突是互为因果关系。文化认同和文化冲突都是文化发展过程中的必要环节。

二、中华优秀传统文化认同的价值意蕴

习近平总书记多次在不同场合强调了中华优秀传统文化的重要性，指出“文化的力量，或者我们称之为构成综合竞争力的文化软实力，总是‘润物细无声’地融入经济力量、政治力量、社会力量之中，成为经济发展的‘助推器’、政治文明的‘导航灯’、社会和谐的‘黏合剂’”①，从而凸显出中华优秀传统文化与社会各要素之间相互渗透、相互影响的紧密联系。因此，正确把握中华优秀传统文化的价值意蕴，对建设社会主义文化强国和实现中华民族的伟大复兴具有重要意义。

（一）中华优秀传统文化认同是中华民族永葆生机的精神支柱

中华优秀传统文化在中华文明纷繁复杂的变迁与发展过程中，正是与传统文化相协调、与当代文化相适应、与现代文化相融合，从而支撑着中华民族得以永续繁衍与发展。

1. 中华优秀传统文化是中华民族的根基与灵魂

“江河万里总有源，树高千尺也有根”，中华优秀传统文化之所以被喻为中华民族的根基，是因为中华优秀传统文化为中华民族的存在和发展提供了智慧源泉与不竭动力。倘若失去了这个根基，那么这个民族在处理世界、社会、人类等方面所出现的问题时，将会因无据可依而不知所措，并在某种程度上也会降低甚至丧失分析、反思、批判、选择与创造的能力。

① 习近平．之江新语［M］．杭州：浙江人民出版社，2007：149.

“政治是骨骼，经济是血肉，文化是灵魂”，中华优秀传统文化之所以被喻为中华民族的灵魂，是因为中华优秀传统文化滋养着中华民族的成长历程，让本民族形成并焕发出自身独特的气质，从而不断推动着中华民族繁衍生息。文化为经济发展提供了深厚的人文价值、极高的组织效能和强大的竞争力，因此我国的经济发展离不开文化力量的支撑；而我国的政治制度以及政治体制也需要用文化力量来指导与引领。在一定社会环境中，文化对于化解人与自然、人与人、人与社会之间的矛盾，具有熏陶、教化、激励作用，是维系社会和谐稳定和民族不断发展的巨大力量。

纵观中国的整个历史发展阶段，中华民族的历史未曾中断，并且中华文化所蕴含的精神力量在中华民族得以延续的过程中发挥了至关重要的作用。自古以来，每当在我国面临危险、人们遭受困难的重要历史时期，中华民族总会出现一些仁人志士，奋不顾身地抛头颅洒热血，为民族大义而置生死于不顾，并将家国天下的命运一肩担当，其中无不散发着中华优秀传统文化传承的精神力量，这也正是中华民族历尽坎坷而自强不息的精神源泉。

众所周知，以孔子为代表的儒家思想，塑造了中华民族的精神品格，构成了中华民族的灵魂与气质，是中国文化的重要组成部分。儒家思想中的“仁、义、礼、智、信、恕、忠、孝、悌”等各方面的内容，为中国文化留下了极为宝贵的精神财富，滋养了中华民族的精神世界，成为推进中华民族生生不息、发展进步的力量源泉。长征精神、雷锋精神、抗震救灾精神、奥运精神、载人航天精神等我国不同时期形成的中华民族精神，均离不开儒家思想这个文化根基，两者之间有着一脉相承的紧密联系。

习近平总书记早在 2012 年 12 月考察广东时强调：“我们决不可抛弃中华民族的优秀文化传统，恰恰相反，我们要很好地传承和弘扬，因为这是我们民族的‘根’和‘魂’，丢了这个‘根’和‘魂’，就没有根基了。”[①] 没有了“根”，我们就会先天不足、营养不良；没有了“魂”，我们就会人心惶惶、精神涣散。我们要重视中华民族的文化之根，造就中华民族的精神之魂，从而为中华民族的生生不息与发展进步创造不竭动力。

2. 中华优秀传统文化是中华民族的符号与标志

除了国籍、地区、肤色等外在因素外，更能区分人们国家认同、民族认同的还包括语言、文字、信仰、宗教等一些内在的文化因素，因此，把文化喻为一个民族的符号与标志，实际上强调了文化对于国家认同、民族认同所起的重要影响。中国优秀传统思想文化体现着中华民族世世代代在生产生活中形成和传承的世界观、人生观、价值观、审美观等，其中核心的内容已经成为中华民族最基本的文化基因，是中华民族和中国人民有别于其他民族的独特标识。因此，中华优秀传统文化作为中华民族最基本的文化基因，也是中华民族最具象征性的符号与标志。

---

① 中共中央文献研究室．习近平关于实现中华民族伟大复兴的中国梦论述摘编［M］．北京：中央文献出版社，2013：42．

倘若中华儿女对中华优秀传统文化产生了认同，那么无论他们身在何处，在内心深处都会对祖国产生一种责任与牵挂；反之，则会对中华优秀传统文化冷漠无感，并且即便身在国内，也难以对祖国流露出炽热的真情与感动。如今，经济全球化高速发展，人们的生活水平条件逐渐提升，出国留学、海外定居等在我国也呈常态化发展，并出现大量的华侨、华人和华裔。当他们在国外听到或看到有关中国的语言、音乐、影视、美食、服装、建筑等东西时，会不由自主地停下忙碌的脚步，感受祖国的文化气息，这就充分体现出他们对中华优秀传统文化的信仰与认同，以及对祖国深沉的思念与牵挂之情；但有些人却因为环境的变化，生活方式、思维方式等也随之改变，导致他们对中华优秀传统文化的情感逐渐弱化，对祖国的发展状况也就显得漠不关心。

当一个民族的文化被摧残后，这个民族的向心力和凝聚力也会随之削弱，那么人们共同的精神家园也将会荡然无存，自然容易导致文化认同危机。因此，我们要始终站在民族生存与发展根基的角度去看待中华优秀传统文化的价值，不断弘扬与发展中华优秀传统文化，让中华优秀传统文化屹立于世界民族文化之林。

（二）中华优秀传统文化认同是中华民族团结统一的精神纽带

中华优秀传统文化认同是中华民族永葆生机的精神支柱，也是维系中华民族团结统一的精神纽带。中华优秀传统文化认同作为中华民族基本的价值取向，将各个民族地区紧密联系起来，同呼吸共命运，为中华民族的生存与发展带来了不竭动力。

1. 中华优秀传统文化认同是中华民族基本的价值取向

文化认同并不是短时间内就能形成的，而是经过长期发展及各要素相互作用的结果，因此，文化认同往往会表现出稳定性的特征。当人们一旦在头脑中对一种文化产生了认同，那么自然也会在一定时间内形成较为稳定的态势，从而引导人们去选择文化，并支配与影响人们的观念、情感与行为。由于中华优秀传统文化是中华民族 5000 多年历史过程中不断探索与积累形成的精神财富，并为中华民族的繁衍生息提供了精神力量，因此，中华优秀传统文化不仅满足了人们生存与发展的需要，还符合人们娱乐与享受的心理需求，从而被中华儿女接受与认可，进而在人们头脑中形成了长期的、稳定的中华优秀传统文化认同。

由于人们往往会遵循心理需求来选择文化，认为那些与自己内心需求相吻合的事物才有价值，因此，文化认同也具有主观性的特征，这就意味着文化认同所体现的文化价值取向有时会与客观事物相违背。中华传统文化有精华与糟粕之分，当风俗习惯、信仰、艺术等符合社会发展与人们需求的中华优秀传统文化一旦被人们认同后，那么往往也会被人们不断地制度化、法律化、规范化和神圣化，从而表现出中华优秀传统文化所体现的最高价值，进而被人们追求与信奉；对于那些已经过时并且与社会发展不相适应的中华传统文化，由于本身不再具有价值而被排斥与抛弃，但不可否认的是，社会中仍然存在一部分愚钝的人，看不到这些文化的历史局限性。

一直以来，社会、学校、家庭都强调要自觉学习与了解中华优秀传统文化，不断传承与发展优良传统美德。久而久之，中华优秀传统文化所蕴含的价值理念就会以潜移默化的形式影响并支配大学生的思维方式与行为习惯，进而形成中华优秀传统文化认同。

2. 中华优秀传统文化认同是中华民族团结的黏合剂

自古以来，我国是一个多民族、多语言、多文种的国家，随着历史的演进与发展，各民族地区共同开发与创造出我国宏伟的壮丽山河以及历史悠久、灿烂辉煌的中华优秀传统文化，由此把众多不同历史文化背景的民族地区紧密地联系与黏合起来，从而构成了一个你中有我、我中有你的文化群体。因此，加强中华民族的团结统一，最长远和最根本的就是要不断增强中华优秀传统文化认同，树立和培养中华民族共同体意识，努力打造各民族地区共有的精神家园。

在中华民族5000多年漫长而艰辛的历史进程中，各民族地区团结合作、携手并进、众志成城，共同捍卫着我国主权和领土完整，为中华民族的统一建设与发展强大贡献了巨大力量。

中华民族向来秉承兼收并蓄、海纳百川的态度，积极吸收和借鉴优秀文化成果，并形成了具有本民族特色的中华优秀传统文化。中华优秀传统文化蕴含各民族文化，因此，汉族与其他少数民族在交流交往交融的过程中，不仅促进了汉文化与少数民族文化的不断融合与创新，还推动了各民族之间的联系与沟通。因此，强化中华优秀传统文化认同，不仅能促进各民族地区之间的交流与沟通，还有助于增强民族情感、激发民族意识、发扬民族精神，最终促进各民族文化之间交流互鉴，推动中华优秀传统文化的传承与发展。

3. 中华优秀传统文化认同是中华民族生存与发展的内在动力

中华民族在历史的长河中不断融合，除了血缘上的联系之外，中华优秀传统文化认同便是中华民族得以生存和发展的内聚力与先决条件。倘若在中华民族这个文化群体中，有人不认同中华优秀传统文化，那么仅依靠血缘为纽带联系起来的人们就很容易在文化融合与碰撞过程中倾向于其他民族的文化，这样一来，这个民族就难以长期生存与发展下去。因此，当人们形成中华优秀传统文化认同，尽管一些外在的物质文化现象发生变化，甚至中华民族面临坎坷与磨难，人们也会深怀强烈的民族归属感，继而奉献社会、报效祖国。由此可知，中华优秀传统文化认同对于中华民族的生存与发展来说是最核心、最稳定的因素，倘若失去或改变了中华优秀传统文化认同，那么中华民族将会面临危险。

如今，中华民族不仅是以血缘关系为纽带形成的群体，还是以中华优秀传统文化认同为核心的文化群体。因此，尽管不同的民族地区都有属于自己的民族文化，但是以汉文化为主的中华优秀传统文化仍然被各个民族认同，进而为中华民族的存在与发展提供了不竭动力。

三、当代大学生认同中华优秀传统文化的内在需求

中华优秀传统文化是中华民族5000多年来辉煌与磨难的历史积淀，是中华民族绵延不息、永续发展的精神食粮与精神动力。当代大学生从小生活在中华优秀传统文化这个文化环境中，其世界观、人生观、价值观将在不同程度上受到巨大影响，因此，认同中华优秀传统文化对于当代大学生的成长成才来说是一种不可或缺的内在需求。

（一）塑造大学生角色身份的需要

在社会发展的每个时代中，青年学生肩负着时代赋予的重任与使命，是与时代发展相适应的群体，也是每个时代都不可替代的重要支撑力量。进入新时代，大学生在传承与发展中华优秀传统文化的过程中也被赋予新要求、新使命。因此，当代大学生作为中华优秀传统文化传承与发展的重要主体，必须正确把握自己的角色定位。

1. 大学生是中华优秀传统文化的继承者与传播者

传承与发展中华优秀传统文化是中华儿女的共同责任，大学生作为社会群体中的重要组成部分及社会发展中不可或缺的重要力量，必须成为中华优秀传统文化的继承者与传播者。

近代以来，一大批青年学者为中华优秀传统文化的传承与发展作出了巨大贡献。例如，胡适、陈独秀、鲁迅、李大钊等人在新文化运动时期，积极提倡科学与民主，反对迷信，沉重打击传统礼教，这些举措为当时社会的发展营造了良好的文化氛围。另外，由陈独秀主编的《新青年》刊物中，很多进步知识分子从政治观点、学术思想、伦理道德、文学艺术等方面对封建复古势力进行了猛烈的抨击，从而为马克思主义在中国的传播与发展奠定了重要基础，也为之后中华优秀传统文化的传播与发展提供了思想指导。那个时代的青年学者抑或进步知识分子，为解放人们的思想，积极提倡新文化代替旧文化，这些都很好地体现出他们继承者与传播者的角色身份。

大学生作为中华优秀传统文化继承与传播的重要主体，当他们在学习与了解中华优秀传统文化时，不管是通过课堂学习、阅读书籍，还是通过观看相关影视作品或者实地感受历史革命圣地等渠道，都是促进中华优秀传统文化得以继承的有效方式，从而能有效避免中华优秀传统文化的断裂与消失。另外，在日常生活中，大学生通过积极参加各类社会实践活动，加强与社会其他群体之间的沟通与接触，这在一定程度上也拓宽了中华优秀传统文化的传播范围。因此，在不同的场合与阶段中，中华优秀传统文化的继承与传播离不开大学生这个特殊群体。

2. 大学生是中华优秀传统文化的建设者与践行者

习近平总书记在党的十九大报告中强调："中国共产党从成立之日起，既是中国先进文化的积极引领者和实践者，又是中华优秀传统文化的忠实传承者和弘扬者。当代中国共

产党人和中国人民应该而且一定能够担负起新的文化使命，在实践创造中进行文化创造，在历史进步中实现文化进步！”① 大学生作为社会主义现代化建设的接班人，必须努力推动中华优秀传统文化与新时代特色相结合、与新思想精髓相融合，自觉担负起时代赋予的新的文化使命。

随着时代的发展和社会的进步，中华优秀传统文化的内容也随之不断更新。因此，为了更好地适应时代潮流，离不开注入新鲜的文化血液不断激活、拓展与深化中华优秀传统文化，这样才能不断满足人们生存与发展过程中的精神需求以及解决现实生活中出现的精神困惑。大学生作为社会中最活跃的群体，由于大部分受到了良好的高等教育，文化知识水平较高，综合素质较好，思维较灵活，因此，当面对纷繁复杂的世界时，他们往往能够较快接受和消化一些新鲜事物，而且也能快速把国外一些最新的文化思想融入中华优秀传统文化中，尽管有时不免出现一些主观化、情绪化和理想化的色彩，但是在很大程度上为中华优秀传统文化培育了新的土壤和添加了新的内容。大学生是文化创新的重要力量，也是最新文化思想的接收者与传播者，他们往往能通过一些独特新颖的方式把更多适应社会时代发展及满足人们精神需求的优秀文化汇聚到中华优秀传统文化中，从而不断地丰富中华优秀传统文化的内容。

因此，当代大学生不断吸收与内化中华优秀传统文化所蕴含的价值理念，最后外化于行，从而体现出中华优秀传统文化的意义所在。

（二）增强大学生责任能力的需要

21 世纪的大学生早已不再是“两耳不闻窗外事，一心只读圣贤书”的书呆子了，他们逐渐步入社会，与社会的联系日益紧密，因此，培养大学生的责任能力、增强综合素质、提高社会责任感等是大学阶段的重要任务。中华优秀传统文化蕴含着丰富的优良美德，为此，不断增强中华优秀传统文化的认同，有利于当代大学生把责任意识提升到思想高度，进而贯穿于言行之中，从而提高大学生的文化修养，增强思维力、意志力、凝聚力、适应力、实践力、创造力等各种能力。

1. 中华优秀传统文化有利于强化大学生的责任意识

大学生不是一个孤立的群体，它与社会其他群体之间是紧密联系的，因此，作为新时代的大学生，不仅要意识到对自己负责，提高自身的科学文化水平，同时还要对祖国、社会、家庭负责，学会关心环境、关心社会和关心他人，这就需要不断塑造更加健康、完美的人格素养。

中华优秀传统文化中蕴含着丰富的天道人伦观，对于强化大学生的责任意识具有重要影响。自古以来，中华传统文化就重视人与自然的和谐统一，强调“天人合一”，认为人

① 习近平．决胜全面建成小康社会　夺取新时代中国特色社会主义伟大胜利——在中国共产党第十九次全国代表大会上的报告［N］．中国政府网，2017-10-27.

应该遵循不违背天、不违背自然规律的天人和谐原则，这一思想为我国的社会主义生态文明建设奠定了重要的理论支撑。在中华优秀传统文化中还贯穿了以人为本的人文精神，表达了“在天地人之间，以人为尊；在人与神之间，以人为本”的意思。历代贤明君王深受这种人文精神的熏陶与影响，从而把重生重德、谋求人们生活安定作为当时基本的统治思想，并且人们也都自觉把自己置于现实社会关系中来考虑自己的生存之道。此外，在社会生活中存在五种伦常关系，即政治上的君臣关系，家庭中的父子、夫妇、兄弟关系，社会上的朋友关系，与之对应的道德行为规范就是“君仁臣忠、父慈子孝、夫敬妇从、兄友弟恭、朋友有信”，这不仅有利于权衡人们的社会角色与规范自己的行为，还有利于增强社会责任感，并维护社会正常有序运转。中华优秀传统文化中还强调德性修养理论，即讲诚意正心、格物致知、修身齐家、治国平天下。其中修身是立身、立国之道，因此，不断提高自身的道德修养，不仅能促进社会发展，还能加快实现“修身齐家治国平天下”的伟大理想目标。

因此，中华优秀传统文化所蕴含的价值理念能够不断激发当代大学生的社会责任意识，并促进社会整体关系的交流与互动，由此营造和谐文明的社会环境。

2. 中华优秀传统文化有利于规范大学生的实践行为

唯物主义认识论认为意识具有能动性，即指导改造客观世界的实践和对人的行为与生理活动加以指导和控制。由于大学生深受中华优秀传统文化的影响，其责任意识、思维方式、行为习惯等均在不同程度上受到影响，因此，尽管身处纷繁复杂的多元环境，大学生在社会实践过程中都会有意识或无意识地约束和规范自己的行为方式或生活方式。

中华优秀传统文化贯穿于人们的思想观念、风俗习惯、道德礼仪等各方面，是中华民族在长期发展历程中不断探索与积累下来的行为标准，也是中华优秀传统文化的外化表现，由此对中华儿女的行为模式产生持续性的影响。比如《论语·颜渊》中强调“克己复礼”，这是达到仁的境界的一种修养方式，强调人们在社会实践过程当中要正确对待义与利、情与法、言与行等各方面问题，从而有利于形成正确的荣辱观，并促进社会主义核心价值观的培育与践行。《周易·象传》中强调：“天行健，君子以自强不息。”当人们面临艰难险阻时，这种自强不息的精神激励着人们坚持不懈、勇往直前。此外，中华民族素来就有“礼仪之邦”之称，文明礼仪也是中华优秀传统文化的主要表现形式之一，而且对中华民族的生存与发展也产生了深远持久的影响。

自古以来，我国许多模范人物为大学生的道德实践提供了较为直接的参照对象，他们身上散发着中华优秀传统文化中的民族精神与时代精神。顾炎武在《日知录·正始》中提出“天下兴亡，匹夫有责”这一伟大名言，激发出人们的爱国情怀，并尽自身最大的努力来报效祖国，由此出现了一大批爱国勇士，比如黄继光、邱少云等。他们年轻有为、不怕艰苦、敢于牺牲的精神值得大学生学习。此外，屈原为国投江的鲜活事例树立了爱国主义

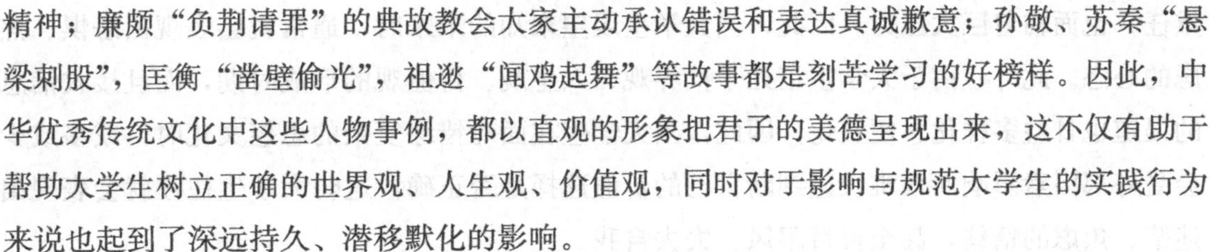

精神；廉颇“负荆请罪”的典故教会大家主动承认错误和表达真诚歉意；孙敬、苏秦“悬梁刺股”，匡衡“凿壁偷光”，祖逖“闻鸡起舞”等故事都是刻苦学习的好榜样。因此，中华优秀传统文化中这些人物事例，都以直观的形象把君子的美德呈现出来，这不仅有助于帮助大学生树立正确的世界观、人生观、价值观，同时对于影响与规范大学生的实践行为来说也起到了深远持久、潜移默化的影响。

（三）促进大学生成长成才的需要

中华优秀传统文化经久不衰还得归功于其本身能够根据时代赋予的新形式、新生命，不断解决社会生活中出现的各种新问题、新动向。中华优秀传统文化的内容丰富，并滋润着每一个求知者的心灵，特别是对于正处在世界观、人生观、价值观形成时期的大学生来说，其重要性是不言而喻的。

1. 增强自我认同，塑造健全人格

自我认同其实就是自我身份认同，指的是主体对自我文化身份、文化角色、文化地位的某种认识与定位，不仅在时间上体现了自我精神品质和内在精神秩序的延续性，同时还表现出了自我存在的身份感与归属感的持续性。中华优秀传统文化是典型的伦理型文化，其中蕴含了丰富的优良传统美德，为中华民族绵延不息、发展壮大提供了丰厚的养分。无论是“讲仁爱、重民本、守诚信、崇正义、尚和合、求大同”的优良传统美德，还是中国共产党人在革命、建设、改革时期形成的无私奉献、顽强拼搏、艰苦奋斗、勤俭节约、求真务实、改革创新等优良革命精神，都是大学生共同的价值追求和普遍的道德行为。大学生在成长历程当中，由于会有意识或无意识地深受中华优秀传统文化的熏陶，因此，当他们面对文化多元的情形时，在多数情况下是能够自觉认同中华优秀传统文化，并扮演好传承与发展中华优秀传统文化中的角色的，从而有助于避免他们盲目选择甚至迷失自我。

著名的心理学家弗洛伊德提出人格主要包括“本我”“自我”“超我”三个部分，而每个人的一生实际上就是从“本我”到“自我”再到“超我”的这样一个过程。尽管大学生在社会发展过程中已经走出了“本我”阶段，但是身心发展尚不成熟导致他们在追求“自我”和“超我”的过程中容易出现各种矛盾，比如思维有时过于偏激、情绪波动较大、个性张扬、我行我素等。大学生这些不健康、不和谐的人格现象都离不开自我的调节和外在的疏导。中华优秀传统文化包含了许多道德修养的方法，强调修身养性、健全人格，如“己所不欲，勿施于人”“吾日三省吾身”等，大学生将这些精华思想内化于心、外化于行，从而有效提升道德品质和完善人格修养。

2. 消除焦虑感，提升主体性

如今，我国已经开启全面建设社会主义现代化国家新征程，世界全球化、文化多元化趋势日益明显，社会竞争力也日趋激烈。大学生并不是孤立于社会之外的群体，它是一个小型社会，是社会发展的中坚力量，也是祖国的未来、民族的希望，由此可知，他们身担重任，也面临着巨大压力。因此，当大学生展望未知的未来时，通常就会表现出恐惧、焦虑的心态。此外，由于大学生正处于世界观、人生观、价值观的形成时期，而且接收信息的渠道也日益多样化、便利化，因此，当大学生在面对错综复杂的思想文化时，或多或少会受外部因素影响而很难快速判断自己的价值选择是否正确，这时大学生往往就会表现出迷茫、焦虑的情绪，甚至盲目跟风、失去自我。

中华优秀传统文化作为当代中国主流文化的重要组成部分，蕴含了丰富的中华传统美德和中华民族精神。儒家思想认为主体可以经过自我反思，并通过修身养性的方式实现理想，提出“我欲仁，斯仁至矣”，且“人皆可以为尧舜”，这里实际上就是倡导主体内心进行自我反省与觉悟，并依靠主体的内在力量来不断加强道德修养，从而更进一步提升主体道德水平。此外，中华民族精神中包括的自强不息、不惧未来、勇往直前的精神，激励大学生勇敢迎接生活中的各种挑战与挫折。因此，大学生需要不断汲取中华优秀传统文化的养分，以便更好地去克服焦虑、恐惧情绪以及增强主体性意识。

3. 培育人文精神，彰显家国情怀

人文精神主要是通过知识、情感、意志等多种因素相互影响而形成的内在品质，外在形式通常表现为人的气质与品格。中华优秀传统文化是涵养人文精神的重要源泉，从而为培养当代大学生的人文精神提供了丰厚的滋养。随着世界全球化的发展以及我国现代化进程的不断加快，我国人民的物质文化生活水平也大大提高，但是拜金主义、享乐主义、功利主义等思想仍在社会范围内滋生蔓延，从而导致大学生群体中出现品格缺失、道德堕落等现象。因此，中华优秀传统文化强调“以人为本”的人文精神，对大学生的修身养性和品格提升来说具有潜移默化的教化作用。

中华优秀传统文化中还蕴含了浓厚的家国情怀，不仅提倡以孝为先、由孝而敬的家庭伦理，还强调天下兴亡、匹夫有责的民族担当。儒家学说倡导“家国同构”的理念，讲“诚意正心、格物致知、修身齐家、治国平天下”，把追求个人自我成长与实现国家的和谐稳定、经济繁荣有机结合起来。无论是“天行健，君子以自强不息”的刚健有为，还是“先天下之忧而忧，后天下之乐而乐”的家国情怀，抑或是中华民族历史上涌现出的爱国志士以及流传至今的爱国典故等，都是中华民族的爱国主义传统，也是中华民族的宝贵精神财富，这都有利于激发当代大学生家国一体的爱国情、济世经邦的报国志、荣辱与共的兴国心，从而自觉把个人理想与社会进步、国家富强紧密联系在一起，进而促进中华优秀传统文化的传承与发展。

因此，中华优秀传统文化对国家、社会和个人来说都发挥了重大作用与影响。大学生作为社会主义现代化的接班人，必须牢记历史赋予的责任和时代给予的使命，自觉传承与弘扬中华优秀传统文化，为实现中华民族伟大复兴的中国梦奋勇向前。

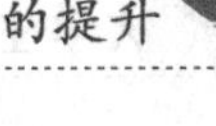

第二节 大学生中华优秀传统文化认同的策略

大学生对中华优秀传统文化的认同并非一蹴而就的结果，而是要经历有规律的、长期的、动态的演进过程，这个过程包括感性认同、理性认同、价值认同、行为认同四个环节，只有先对中华优秀传统文化达成初步的认知与认同，然后在文化多元的环境中对各种文化进行理性判断，进而对中华优秀传统文化形成深厚稳定的价值认同，最后外化于行，实现知行统一。因此，正确把握每个环节之间的紧密联系及其各自的特殊性，不仅体现出中华优秀传统文化认同的时代价值，还能探索出符合国情与时代特征的对策，不断加强当代大学生对中华优秀传统文化的认同。

一、增强大学生的感性认同

认知是认同的基础与前提，有了一定的感性认知才能形成一定的感性认同，进而初步影响人们的思维方式与行为习惯。因此，增强当代大学生对中华优秀传统文化的感性认同，首先得从增强感性认知入手。接下来将通过文化载体、活动载体、传媒载体、制度载体等形式对大学生的思维活动构成潜移默化的影响，这样不仅有利于传承与发展中华优秀传统文化，还有助于提高大学生的文化素养和塑造健康人格。

（一）通过文化载体熏陶人

文化载体是对各种文化活动与文化建设的一个抽象概括，其具体表现形式则是多种多样的，既包括文学艺术、新闻出版、广播电视、图书馆、博物馆、科技馆等文化事业，又包括社区文化、村镇文化、企业文化、校园文化等。因此，中华优秀传统文化通过文化载体将其丰富内容及独特魅力充分表现出来，从而寓教于文化产品与文化建设当中，以此达到熏陶人、感染人的效果。

1. 依托文化产品体现中华优秀传统文化的深厚内涵

中华优秀传统文化并非看不见摸不着的抽象物，其深厚内涵通常都能依托文化产品体现出来，其中包括物质产品和精神产品。具体来说，就是借助语言、文字、服饰、书籍、建筑、宗教、教育等方面来承载中华优秀传统文化，使中华优秀传统文化“无形”的价值观念、道德规范等内容通过一些“有形”的事物展现出来。因此，中华优秀传统文化的表现形式不仅丰富多彩，而且还存在于我们实际生活中的各个领域，这样一来，大学生就能够时时刻刻感受到中华优秀传统文化的气息，从而在不知不觉中受到感染与熏陶。当大学生在阅读文学著作，观看戏剧，聆听音乐，欣赏书法、绘画、舞蹈等文化产品时，其实就是了解中华优秀传统文化的一种最为普遍的有效途径。因此，通过挖掘、利用这些文化产品，逐步促使大学生在“听”“说”“读”“写”的过程中接受先进文化的熏陶，不仅可以加深大学生对中华优秀传统文化的认识，同时还能充分发挥中华优秀传统文化的立人、铸魂、励志和养心功能，最终实现以文化人。长此以往，有助于推动大学生对中华优秀传统文化产生强烈的归属感和认同感。

2. 加强文化建设展现中华优秀传统文化的独特魅力

习近平总书记在党的十九大报告中强调“完善公共文化服务体系，深入实施文化惠民工程，丰富群众性文化活动”①。把中华优秀传统文化的内容渗透到文化建设的过程中，不断展现中华优秀传统文化的独特魅力，这样才能被更多的人熟知与了解。但是，我国目前一些非营利的公益性文化事业，如图书馆、博物馆、文化馆的建设与运作，古迹、文化遗产的研究和保护等，总体上仍然面临“缺钱、缺人、缺劳动力”的现象，从而导致这些公益性文化事业发展受阻，这对于中华优秀传统文化的传承与发展来说是极为不利的。图书馆、博物馆、文化馆、纪念馆、美术馆等公共文化场馆都详细记载着中华民族的历史发展轨迹，并把中华优秀传统文化的“美”系统地展现在人们眼前。因此，当大学生实地参观这些公共文化场所时，有利于产生情感共鸣，这种理论与实际相结合的方式在很大程度上加深了大学生对中华优秀传统文化的感性认知。为此，应重视公共文化服务设施建设，不断营造良好的文化氛围，为大学生学习与了解中华优秀传统文化创建和谐便利的社会环境。

此外，由于我国的社区文化、村镇文化、校园文化等群体文化都与大学生紧密联系，因此，打造这些群体文化时必须结合中华优秀传统文化，并充分体现中华民族的民族特性，这样才能让大学生在这些群体文化中深深感受到中华优秀传统文化的博大精深，从而被其魅力吸引。这样一来，就能在很大程度上提高大学生对中华优秀传统文化的学习兴趣与热情，从而增强他们对中华优秀传统文化的感性认同。

（二）通过活动载体感染人

活动载体主要是指人们为了达到某种目的而有意识地开展一些具有思想性、科学性、趣味性、娱乐性等特征的各种活动。恩格斯曾说过：“在社会历史领域内进行活动的，是具有意识的、经过思虑或凭激情行动的、追求某种目的的人；任何事情的发生都不是没有自觉的意图，没有预期的目的的。”② 因此，作为中华优秀传统文化的活动载体，让人们参与到实践活动中并亲身感受与体验的方式，不仅有利于人们去吸收和践行活动中所承载的文化信息，还有助于强化大学生对中华优秀传统文化的认知。因此，接下来将根据时代发展的特征与要求以及大学生在健康成长过程中出现的新变化、新趋势，不断创新中华优秀传统文化活动载体的内容与形式，促进大学生在社会实践活动中能够受到更多的熏陶与

① 习近平．决胜全面建成小康社会　夺取新时代中国特色社会主义伟大胜利——在中国共产党第十九次全国代表大会上的报告［N］．中国政府网，2017-10-27.

② 马克思，恩格斯．马克思恩格斯选集：第四卷［M］．北京：人民出版社，2012：253.

感染。

1. 创新活动载体的内容

随着时代的发展与变迁，人们的思想观念、价值标准也在不断地变化更新。当代大学生观察敏锐、思维活跃、好奇心强的性格特点，使他们通常对那些能够适应时代潮流以及满足他们心理需求的活动比较感兴趣，因此，只有创新中华优秀传统文化的活动内容，才能有效提高大学生对中华优秀传统文化的关注度。一方面，活动内容要新颖。当在举办一些与中华优秀传统文化相关的文化活动时，内容不要只局限于一些古人的思想理念等，可以适当融合一些现代、西方的文化元素，并贴近大学生的衣食住行等各方面，这样大学生就不容易产生无聊、枯燥、排斥的心理情绪，反而能有效激发大学生对中华优秀传统文化的兴趣与喜爱。另一方面，活动内容要专业。目前，当代大学生在校期间会参加各式各样的实践活动，但是基本上是以勤工俭学、志愿者服务、兼职实习等活动为主，而真正靠一些活动来进行专业学习、文化交流、学术讨论等的大学生所占比例很少。因此，不断加强社会实践活动内容的专业化，结合中华优秀传统文化的内容，围绕专业与课题任务展开调查与研究，不仅能提高他们的思想道德素养，增强专业技能，还能为社会提供一定的物质文化成果和精神文化产品，从而不断认同中华优秀传统文化。

2. 创新活动载体的形式

随着社会的发展和物质生活水平的提高，人们开始越来越注重精神文化上的享受，这一趋势对于中华优秀传统文化的传承与发展来说是较为可观的。要让大学生在学习之余积极主动参加一些有益于身心健康发展的文化活动，以消除疲劳、减轻压力、陶冶情操。一方面，注重大学生的主体意识。由于当代大学生的主体意识不断提高，其表现自我、展示才华的欲望也越来越强烈，因此，在文化活动中可以采取一些角色扮演的方式，让大学生积极参与到角色演出环节，这样能更加深刻地体会其中蕴含的思想文化。另一方面，注重线上线下相结合。传统、常规的线下文化活动，比如角色扮演、诗歌朗诵、绘画书法比赛等，在一定程度上可以提高大学生参与的积极性，并有意识或无意识地进行自我反思、自我评价、自我学习，因此，线下的文化活动是让大学生近距离感受中华优秀传统文化的一种有效形式。然而，随着信息网络技术发展，互联网覆盖面广、时效性强、影响力大的特征为人们获取知识和传递信息提供了便利的渠道，因此，线下文化活动已经不能完全适应当代大学生的需求。通过网络进行线上文化活动，为大学生提供一个相对宽松自由的环境，不仅有助于大学生表达真实情感、发挥聪明才智和创造力，还能调动他们参与活动的积极性和主动性。

（三）通过传媒载体吸引人

传媒载体是中华优秀传统文化传播的一种具有时代特色与现代气息的载体形式，为中华优秀传统文化的传承与发展提供了各式各样的传播工具，主要包括印刷传媒的报纸、期刊、书籍，电子传媒的电视、电影、广播、录音、录像以及新兴传媒的网络等，使大学生能够广泛、便捷地接触到与中华优秀传统文化相关的内容与信息。然而，随着经济全球化和文化多元化趋势的不断发展，大学生的思维方式、行为模式、审美情趣等也都受到很大影响，从而对中华优秀传统文化认同构成一定冲击。面对新问题、新情况时，中华优秀传统文化必须不断适应时代发展以及社会信息化的趋势，充分发挥传媒载体的作用，不断提高大学生对中华优秀传统文化的认同感和归属感。

1. 重视印刷传媒的现代价值

众所周知，印刷技术起源于中国，是我国著名的四大发明之一。活字印刷术的发明，不仅促进了我国文化知识的广泛传播，而且对整个人类社会的发展也带来了深远持久的影响。到了 20 世纪后，印刷传媒得到了快速发展与普及，报纸、期刊、书籍等出版物成为人们每天获取知识、信息和娱乐新闻的基本渠道之一。

首先，报纸是最具代表性和影响力的印刷媒介，以其内容丰富、版式灵活、品种丰富、携带方便、信息传递及时且更新快等优势成为人们了解事实、接收信息的主要媒体。例如，《中国文化报》《中国艺术报》等都是继承与发展中华优秀传统文化的比较权威的报纸，大学生广泛阅读此类报纸，不仅能及时掌握我国现状，还能不断增强对中华优秀传统文化的了解。

其次，书籍在我们的日常生活中也是十分重要的媒体，学习文化知识也离不开图书教材。由于中华优秀传统文化的内容博大精深，三言两语很难描述清楚，而图书详细记载着所有内容，并且具有易保存的特点，因此，大学生通过阅读中华优秀传统文化经典书目，比如《中华传统文化概论》《史记》等，将能进一步加深对中华优秀传统文化的熟悉度。

最后，杂志是中华优秀传统文化的一个重要印刷载体，很多杂志设置了文化一栏，里面也涉及了很多中华优秀传统文化的内容，比如《凤凰周刊》《生活周刊》《青年读者》等，都很适合大学生去阅读与了解。因此，不管是报纸、图书还是杂志，这些传统印刷媒体都对中华优秀传统文化的继承与弘扬发挥着巨大作用。虽然我国已经进入了一个全新的信息时代、网络时代，电子传媒以及网络传媒的出现或多或少给印刷传媒带来冲击，但是我们不能忽视传统印刷传媒的现代价值。

2. 加大电子传媒的广泛运用

电子传媒是基于传统印刷传媒形成的一种现代传媒载体，并运用磁、光、电等介质产生电子报纸、电子期刊、电子书籍、数据库等类型的载体，在一定程度上是对传统印刷传媒的继承与发展。中华文明历经上下 5000 年，很多文献资料、历史文物、珍稀典籍等详细记载着中华文明的历史发展进程，但是，随着时间的推移，很多纸质版的资料容易丢失、破坏、腐烂，因此，利用电子传媒通过电子设备把这些资料存入数据库中，便于中华优秀传统文化资料的运用和保存。另外，广播、电视、电影、录像、录音等电子传媒技

术，跨越了中华优秀传统文化传播的时空界限，实现了高效率、高质量、全方位的信息传输，从而扩大了中华优秀传统文化的影响范围和力度。因此，加大电子传媒的广泛运用，让大学生可以随时随地阅览全国各地的乡土风情、听戏曲、看文学书籍、欣赏绘画作品等，不仅有利于我国社会主义精神文明建设以及满足社会化发展的需求，同时还能不断地提升大学生的精神文化生活质量，促进全面健康发展。

3. 发挥新兴传媒的独特功能

网络作为一种新兴传媒的载体形式，具有印刷传媒、电子传媒等载体形式不可比拟的优势，比如信息容量大、覆盖面广、更新快、传播快，并且还整合了其他传媒载体的特点，使网络信息同时具备声像俱全、图文并茂、动静结合的独特功能。随着计算机网络与信息技术的快速发展，互联网早已渗透到大学生日常生活中的各个领域，并成为他们接收信息、发布信息的重要渠道，因此，加强大学生对中华优秀传统文化的认知与接受，必须充分发挥网络载体的优势与功能。一方面，以社会主义核心价值观为主导构建学习中华优秀传统文化的网络学习平台，并结合当下热点问题组织学生进行网上专题讨论，或者借助视频动画、声音、图片等形式来不断提高大学生的关注度；另一方面，借助微信、微博、知乎、腾讯等网络交流平台，不断更新与宣传中华优秀传统文化的内容，抵制不良思想文化的传播，强调中华优秀传统文化的先进性与重要性，让大学生不断接受先进文化的熏陶，并在潜移默化中深受中华优秀传统文化的影响，从而引导他们树立正确的价值观。因此，以网络为载体来提高大学生对中华优秀传统文化的感性认同，是一种适应时代发展潮流的有效形式。

（四）通过制度载体引导人

制度具有根本性、持续性和稳定性的特点，并承载着保持文化建设工作长期、稳定、规范、有序地进行与发展的重任，因此，制度载体是中华优秀传统文化得以传承与发展的重要保障。将制度作为中华优秀传统文化载体，就是制定一系列相关的规章、制度，有力保证中华优秀传统文化得以继承与弘扬，从而有效引导、规范大学生的文化修养和行为习惯，进而有效地提高他们认识与了解中华优秀传统文化的积极性与主动性。

2014 年 3 月，教育部制定并颁发了《完善中华优秀传统文化教育指导纲要》，里面涉及了加强中华优秀传统文化教育的指导思想、基本原则、主要内容和发展方向等内容，不仅为中华优秀传统文化教育提供了指导性意见，同时还有效引导和规范大学生在家国、处世、修身三个方面的行为习惯，从而有利于培养合格的社会主义事业建设者和接班人。2017 年 2 月，中共中央办公厅、国务院办公厅印发了《关于实施中华优秀传统文化传承发展工程的意见》，详细阐述了中华优秀传统文化的重要意义和总体要求、主要内容、重点任务、组织实施和保障措施四个板块，不仅有利于延续中华文脉与扎实历史根基，还彰显了鲜明的时代特征与发展眼光，并重点以人民为中心，从而有效增强人民群众的文化参与感、获得感和认同感。因此，不断加强中华优秀传统文化的政策引导以及制度落实实施，不仅有利于提升大学生对中华优秀传统文化的认识，还能有效保障中华优秀传统文化的传承与发展。

如今，全球竞争已经不再局限于经济、政治、军事等硬实力的对抗，文化软实力的竞争早已成为国际社会竞争的主要内容。因此，想要中华优秀传统文化屹立于世界民族文化之林，实现中华民族的伟大复兴，党和国家必须高度重视中华优秀传统文化的传承与发展问题。大学生是祖国的未来、民族的希望，政府各部门要充分认识到中华优秀传统文化对国家发展进步和大学生健康成长的重要性，并从政策的制定与制度的实施上为中华优秀传统文化的传承与发展提供保障，继而为大学生打造良好的文化环境，引导他们树立正确的价值取向。

由此可知，中华优秀传统文化通过文化载体、活动载体、传媒载体、制度载体等形式展现了其丰富的内容以及独特的魅力，对当代大学生的生活、学习、工作等都会产生潜移默化的影响，这在一定程度上能有效提升他们对中华优秀传统文化的认知与认同。

二、促进大学生的理性认同

一种文化在文化传播过程中从一个区域、一个群体、一个时代传播到另一个区域、另一个群体、另一个时代，从而呈现出文化传递、扩散和流动的现象，因此，人类社会的丰富性在很大程度上也要归功于文化传播的存在。然而，文化传播虽然能有效促进不同民族之间的交流互鉴，但是难免也会带来一些文化冲突，从而在一定程度上影响我国大学生对中华优秀传统文化的认同。因此，正确把握文化传播的特征，并以此为基础不断优化中华优秀传统文化的传播方式，营造浓郁的文化氛围，不仅有利于加深大学生对中华优秀传统文化的理性认同，同时也有助于抵制不良思想文化的传播对大学生带来负面影响。

（一）提升文化传播的互动性

文化传播的互动性是指传播者与受传者之间信息共享和双向交流的过程。在中华优秀传统文化传播的过程当中，政府、学校、家庭等都是传播者，而大学生是主要的受传者，加强两大群体之间的信息共享和双向交流，不仅在一定程度上可以促进中华优秀传统文化的传播与发展，同时还能不断加深大学生对中华优秀传统文化的认同，从而达到相互作用、相互影响的效果。因此，两大群体要在互相理解、互相尊重的前提下进行沟通交流，最终实现文化传播的目的。

第一，政府作为中华优秀传统文化的传播者之一，必须坚持正确导向，弘扬社会正气，不断建设和谐文化，培育文明风尚，为大学生的健康成长创造良好的社会环境和文化氛围。

如今，随着大众传播技术的迅速发展和广泛应用，大学生每天都会有意识或无意识地接收到不同的信息，其中不免也掺杂着一些不良思想文化，这对于大学生的身心发展来说是极为不利的。因此，政府要充分认识到问题的严重性，除了政策引导外，还要根据大学生的心理特点和心理诉求，鼓励发展我国的文化事业和文化产业，积极打造一些符合大学生健康成长的文化，贴近大学生的生活、学习以及工作等各方面。这样一来，当大学生在进行文化消费时，在潜移默化中就会受到中华优秀传统文化的熏陶与影响，从而引导大学生提高道德修养和培养良好的人格品质，为国家发展与社会稳定培养出合格的未来建设者和接班人。

第二，学校是进行中华优秀传统文化教育的重要阵地，对于中华优秀传统文化的传播发挥不可比拟的作用。

学校要不断拓宽学生反映诉求的渠道，让他们能够便捷、自由地说出自己的想法与需求，然后根据大学生的实际情况合理出发，积极为学生创建良好的学习环境和文化氛围。此外，学校可以创建一些与中华优秀传统文化相关的网络平台，引导学生参与到信息制作与发布中，比如论坛发帖、更新微博、运营公众号等形式。这就要求学生必须具备组织和整理信息的能力，然后学会通过网络平台实现信息传递与共享。另外，大学生还可以在这些网络平台上进行自由讨论，不断拓展自己的眼界与思路，因此，在共享信息、共同讨论的过程当中，大学生不仅是信息的提供者与创造者，同时也是学习者，这样不仅有利于不断提升大学生的道德素养和培养责任意识，还能增强对文化信息的思辨反应能力，从而自觉抵制不良思想文化的传播与诱惑。

第三，家庭对人的成长发展来说发挥着极其重要的影响，因此，家长的文化水平与道德素养等因素是至关重要的。

尽管孩子进入大学阶段后，与父母相处的时间大大减少，但是家庭氛围仍然会持续影响大学生的人格品质。因此，家长自身要不断提高文化知识水平，多关注和了解一些与中华优秀传统文化相关的电视、新闻等，平时也多跟孩子沟通交流，讨论一些与文化相关的话题。这样一来，家长不仅发挥了榜样示范作用，同时还能激发大学生学习中华优秀传统文化的积极性与主动性。虽然家庭氛围中所产生的文化传播效果相比政府、学校来说没有这么明显，但是，倘若大学生从小是在文化背景良好、道德修养良好、气氛活跃度较高的家庭环境中长大，自然容易塑造健康人格和获得全面发展。

因此，在中华优秀传统文化传播的过程当中，不断提高政府、学校和家庭三个传播者群体与大学生受传者群体之间的互动性，不仅有利于为大学生塑造文明和谐的社会环境和文化氛围，进一步加深大学生对中华优秀传统文化的理性认同，还有利于促进他们健康成长，从而为国家发展和社会稳定提供人才保障。

（二）注重文化传播的融合性

面对世界全球化、文化多元化的趋势，中华优秀传统文化要想适应新的世界环境并有新的发展，就需要在文化传播过程中适当融合一些与我国主流价值观一致的优秀文化，丰富与创新中华优秀传统文化的内容，呈现出更多的时代魅力，从而不断提高当代大学生对中华优秀传统文化的关注与认可。

1. 物质文化与精神文化相融合

物质文化主要是人们在社会实践活动中所创造的用于满足衣、食、住、行等物质性需求的文化，也是人们在文化活动中一直以来追求的理想状态。而精神文化主要是人们在社会实践活动中所创造的用于满足信仰、情感、心理等精神性需求的文化，当物质文化发展到一定阶段时，就会促使人们逐渐倾向于追求精神文化的享受。但是，随着社会的迅速发展，竞争越来越激烈，导致人们在追求物质文化的过程当中出现了精神文化危机，一系列道德滑坡、社会冷漠、金钱至上、价值迷失等现象频繁发生。此外，环境污染、资源枯竭、生态失衡等问题也日益凸显。这些社会现象对于大学生的健康成长来说是不利的。因此，这就需要我国不断加强中华优秀传统文化的传播，提高人们的道德素质和文化修养，积极打造一些以人文精神、知识创新等精神文化为核心的第三产业，创造一个人与自然、人与人、人与社会和谐发展的社会环境。为了让物质文化得以可持续发展，就必须同时加强精神文化建设，实现两者相互促进、相互融合的态势，从而更好地展现出中华优秀传统文化的价值理念。

2. 传统文化与现代文化相融合

中国是一个历经 5000 多年历史的文明古国，其文化不仅具有地域性、民族性的特点，同时也具有时代性特征。因此，当代中国文化不仅包括具有积淀性、凝聚性和持久性特征的传统文化，同时也包括具有多元性、创造性和交融性特点的现代文化，虽然两者在某些方面存在差异与碰撞，但是从本质意义上来讲，也是一种薪火相传的关系。由于历史上每个时代都会积淀出丰富的文化遗产，经过各种考验而流传至今的中华优秀传统文化，从而为现代文化的发展与建设提供重要的来源支撑。因此，传统文化与现代文化并非不能兼容，二者既可以求同存异又可以和谐相处，实现传统文化与现代文化的融合是历史发展和社会进步的客观要求。在当代社会，服装设计、建筑设计、产品设计、包装设计等各种领域都应该把中华优秀传统文化的元素融入进来，这种集复古、现代于一体的设计，不仅展现了一种“复古风”“中国风”的独特美，还能激发大学生的兴趣。因此，在中华优秀传统文化传播过程中，必须把握传统文化与现代文化的相通之处，把传统文化的样式融于现代文化之中，或者把现代文化元素注入传统文化之中，这不仅有利于促进中华优秀传统文化不断传承、发展与创新，还有助于其被大学生接受与认同。

3. 本土文化与外来文化相融合

随着经济全球化和通信技术的不断发展，文化传播逐渐打破了地域限制，促进了多元文化的不断形成与发展。尽管外来文化中有些思想内容不符合我国提倡的主流价值观，也对当代大学生的文化认同产生影响，我们要重视与警惕外来文化与我国本土文化之间产生的冲突，但是这并不意味着我们要对外来优秀、先进的文化全盘否定，而是要有批判地吸收、借鉴和融合。倘若我国一味地固守本土文化，忽视或抵制外来文化，那么就会导致中华文明只是在狭窄的舞台上发展，从而跟不上时代的步伐，最终落后于世界。因此，面对世界各国之间的联系日益紧密，文化挑战也日益严峻，我国要不断适应文化多元化的趋势，促进本土文化向外延伸发展，同时也不断进行自我批评和自我了解，尊重与外来文化的差异性与互补性。当一种外来文化传播到我国时，要理性看待这种外来文化，找出其独特的优势，并努力把两者之间存在的冲突和矛盾转化为对话与合作，实现本土文化与外来文化共存共荣。在文化传播过程中促进本土文化与外来文化相融合，不仅展现了中华优秀传统文化的包容性特征，同时还有助于中华优秀传统文化书写新的篇章，傲立于世界民族文化之林。

因此，中华优秀传统文化在传播过程中不能故步自封、闭关自守，必须博采众长、融会贯通，在与外来文化进行交流时要汲取和融合一些对自身发展有益的文化成果，并不断迎合时代发展潮流。这样一来，不仅有利于丰富与完善中华优秀传统文化体系，还能迎合当代大学生的兴趣爱好，从而更容易被他们接受与认同。

（三）增强文化传播的创造性

文化传播的创造性特征主要表现为文化传播是文化创新与发展的动力系统，在文化传播活动中，人类对信息的收集、选择、加工和处理，处处都包含着人类的智慧，彰显着人类文化的创新。从《百家讲坛》到《中国诗词大会》，都是对中华优秀传统文化的内容进行加工、处理，然后通过一种独特的传播方式吸引广大人民群众的关注与喜爱。我国是一个文化底蕴深厚的文明古国，从来都不缺中华优秀传统文化的土壤，但是如何以新形式、新方法进行创造性传播和创新性发展才是目前需要解决的主要难题。因此，应不断探索各种渠道，促进中华优秀传统文化得以创造性传播与创新性发展，进而不断适应时代发展潮流。

1. 挖掘传统文化的深厚底蕴

增强文化传播的创造性，首要前提是要深入挖掘中华优秀传统文化的深厚底蕴，因为只有充分认识其丰富内容，才能为文化传播提供强有力的思维灵感。中华民族在历史进程中涵养了丰富的文化资源，创造了灿烂的文化遗产，一直以来都对我国社会各方面产生重大影响，因此，弘扬与传播中华优秀传统文化是中华儿女不可推卸的历史责任。从汉语言文化、诗歌辞赋、书法绘画，到传统服饰、饮食、建筑、手工艺品，再到传统节日等，无不展现出中华优秀传统文化丰富的资源宝库。每一个领域的传统文化实际上都具有重要的现代价值，并且对当代大学生的思维方式、价值取向、行为模式都具有重大影响，但是由于对中华优秀传统文化的认识不足，再加上多元文化的影响，很多中华优秀传统文化被淡化、遗忘，甚至濒临消失的绝境。因此，这就需要我们深入挖掘中华优秀传统文化的底蕴，在文化传播过程中坚持不忘本来、辩证取舍，并通过新的方式、新的形式把中华优秀传统文化的内容展现在人们面前，从而散发出与众不同的魅力，进而不断增强中华优秀传统文化对当代大学生的吸引力。

2. 创新利用各种新媒体资源

如今，随着经济全球化和网络技术的高速发展，人类社会进入了一个以互联网技术和数字化为标志的新媒体时代，网络、手机、电视早已成为中华优秀传统文化不可或缺的传播媒介，因此，创新利用这些新媒体资源，加快中华优秀传统文化的传播与发展，是强化大学生对中华优秀传统文化认同的有效方式。

第一，创新网络媒体。网络媒体是中华优秀传统文化建设与传播的重要媒介，也是大学生学习与了解中华优秀传统文化的重要平台。因此，通过网络建立数量规模宏大、地域分布广泛且可以跨库检索的中华优秀传统文化信息资源网络数据库，不断改善原本纸质媒介的存储方式，从而促进中华优秀传统文化各方面内容均在网上传播运行，同时也使大学生在网络中能够更加便利地查阅与学习。

第二，创新电视媒体。电视媒体必须适应当下的时代背景和市场环境，迎合大学生的心理需求，不断创新节目形式，从而创造出更多具有吸引力的有关中华优秀传统文化的节目。比如，近年来受大众喜爱与追捧的《百家讲坛》《中国诗词大会》《感动中国》《国家宝藏》《朗读者》等节目，不仅充分展现了电视媒体对传承和发展中华优秀传统文化的重要责任与使命，同时也有利于不断激发大学生对中华优秀传统文化的兴趣与认可。因此，电视媒体要以综艺类文化节目为主要方向，重点围绕国学传播类节目、榜样评比类节目、主旋律类影视剧、公益广告等形式，不断加强中华优秀传统文化的传播效果。

第三，创新手机媒体。如今，手机与大学生的生活、学习等各方面紧密联系，大学生也逐渐成为“低头族”“手机族”。因此，不断创新手机媒体，积极开发与中华优秀传统文化内容相关的学习板块，充分利用腾讯、微博、贴吧、知乎等平台加以宣传，不仅可以丰富大学生的手机文化，同时还能有效地增强中华优秀传统文化的吸引力与感染力，从而让更多的大学生接触与了解中华优秀传统文化，进而不断增强认同感。

因此，不断挖掘中华优秀传统文化的深厚底蕴，并通过创新利用各种新媒体资源，不仅可以将中华优秀传统文化的丰富内容与强大魅力充分展现在大众面前，同时也有利于大学生知晓与认可，从而促进中华优秀传统文化的传承与发展。

（四）加大文化传播的权威性

自改革开放以来，我国的经济发展水平得到了显著提高，文化市场日趋繁荣。但是，由于社会竞争日趋激烈，人们的文化消费与文化传播的目的逐渐呈商业化、功利化，严重破坏了中华优秀传统文化的历史感、庄重感和严肃感。同时，随着互联网高速发展，很多不良思想文化在网络中迅速、广泛传播。这些不仅不利于当代大学生净化心灵与培养健康的人格，在一定程度上还削弱了他们对中华优秀传统文化的认同。因此，接下来应从整顿文化市场、净化网络环境入手，不断加大文化传播的权威性，为大学生营造一个更加和谐文明的文化氛围。

1. 整顿文化市场

目前，我国文化市场上仍然有很多经营者为了牟取经济利益而严重动摇中华优秀传统文化的深层根基，从而影响了当代大学生的文化认同。因此，整顿文化市场，为大学生创建和谐文明的文化氛围，是目前亟待解决的主要问题之一。

第一，规范使用汉字语言。目前市场上很多商家为了吸引顾客眼球，在门头牌匾、广告语上使用不规范用字的现象较为普遍，如服装店“衣（一）心衣（一）意”、礼品店“礼（理）所当然”等。这些现象虽然在一定程度上带来了一种双关式幽默效果，但是严重破坏了汉语文化的纯洁性，也容易促使大学生形成思维定式，从而误导使用汉字。再加上随着网络发展，键盘打字基本上代替了手写汉字，导致大学生在汉字书写方面的能力大大减弱。因此，针对商家使用错别字、异体字、篡改成语等用字不规范现象，相关部门必须大力宣传《中华人民共和国通用语言文字法》等相关法律法规，提高经营者使用规范汉字的自律意识，并对企业、商户加强监管，保护汉语言文化的完整性。

第二，严查出版物市场。当前市场上仍然还流传着一些带有政治性有害内容以及暴力恐怖、封建迷信等内容的卡片、杂志、CD光盘等，为了避免当代大学生接触到这些含有不良思想文化的出版物，相关部门必须全面清查不符合要求的出版物市场、印刷复印店、影像店等经营场所，并大力宣传《出版物市场管理条例》《音像制品管理条例》等法律法规，减少违法违规的出版物肆意流传，为大学生营造健康、文明的社会环境。

第三，整治旅游景区。旅游景区是一地的文化标志，也是中华优秀传统文化的重要组成部分。但是，目前有些地方为了城市建设，致使很多古建筑销声匿迹，严重破坏了古建筑的完整性。有些地方甚至以古建筑等旅游景点为招牌，表面上是发展当地的旅游文化，实则却是以谋取经济利益为主，而且有些卖家还销售一些内容低俗、仿冒造假的旅游纪念品，价格也贵得超乎想象。对于受骗或未受骗的游客来说，这都会让他们对景区感到失望，甚至产生强烈的反感，长此以往，势必给当地的旅游文化带来极大的负面影响。因此，针对旅游景区这些不良现象，相关部门应该严格清查整治，加强管理，不断完善相关法律法规，保护旅游景区的完整性。应严格执行《中华人民共和国旅游法》等相关行政法规，加强旅游景区的人文环境建设和自然环境保护。

第四，督察娱乐演出场所。由于高校附近经营着大量的歌厅、舞厅、酒吧、游戏厅等娱乐场所，在一定程度上给当代大学生带来了极大的诱惑，并容易导致他们生活堕落、价值迷失，因此相关部门不仅要严格审查这些场所的营业执照，杜绝非法经营，同时还要加强现场监管和巡查力度，坚决防止非法色情以及封建迷信等内容的演出，提倡健康向上的娱乐方式。当然，最好是减少学校周围的娱乐场所，给大学生创造一个清净、纯洁的社会环境。

2. 净化网络环境

互联网的出现和高速发展，不仅拓宽了人们接收与传播信息的渠道，同时也便利了人们之间的交流与沟通。互联网已成为中华优秀传统文化传播的重要方式。但是，网络的开放性、虚拟性、互动性等特征，使网络环境在大多时候具有不可控性，从而很难实现完全监管，致使很多不良思想文化在网络中得以侥幸生存并传播，而这些信息对于社会经验不足、心智不成熟、辨别能力较弱的大学生来说无疑是巨大威胁。因此，净化网络环境是当下优化中华优秀传统文化传播方式的主要任务。

首先，建立健全网络立法，不断完善规章制度，避免监管盲区，并加大对互联网发布内容的审查力度，对于涉及黄、赌、毒以及威胁国家安全的信息要严厉打击，并坚决维护我国网络安全；其次，积极引导网络媒体和自媒体，增加中华优秀传统文化的传播节点，通过一些网络公开课或在线互动等形式，吸引大学生参与到中华优秀传统文化的学习当中去，同时鼓励软件开发商设计一些与中华优秀传统文化相关的网络游戏，让大学生通过体验游戏感受中华优秀传统文化的精髓与内涵；再次，树立正确、科学的网络舆论导向，大力弘扬社会主义先进文化，积极渲染社会主义核心价值观，自觉抵制腐朽文化、暴力文化、色情文化等不良思想文化的侵蚀；最后，加强网络监管，严厉打击各种网络犯罪行为，不断促进网络健康有序的发展。

因此，从文化传播的互动性、融合性、时代性和权威性四个方面入手，不断优化中华优秀传统文化的传播方式，不仅有利于为当代大学生创造一个文明、健康的文化氛围，同时还有利于他们在这个纷繁复杂的社会环境中理性评价或选择文化，从而规范自己的行为，进而加深对中华优秀传统文化的认知与认可。

三、强化大学生的价值认同

中华优秀传统文化教育水平的高低，关乎大学生能否很好地接受与认可中华优秀传统文化所蕴含的价值理念，因此，应通过充分发挥社会主义核心价值观的文化引领作用，不断整合与创新中华优秀传统文化教育的方式，为大学生营造一个健康、文明、和谐的校园文化环境和校园文化氛围，进而强化大学生对中华优秀传统文化的价值认同，并推动中华优秀传统文化的继承与传播。

（一）整合与创新中华优秀传统文化教育的方式

一直以来，高校都承担着培养人才、学术研究、服务社会和传承文化四种功能，并肩负着培育社会未来接班人的责任与使命，因此，在开展中华优秀传统文化教育的过程当中，高校是重要载体和重要环节。基于高校在中华优秀传统文化教育方式上仍然存在的问题，这就需要不断整合与创新中华优秀传统文化教育的方式，这不仅是社会发展的客观需要，同时也是大学生健康成长的内在需求。

1. 完善与充实教育内容

由于中华优秀传统文化的教育内容固化、枯燥乏味等因素，严重影响了当代大学生对中华优秀传统文化的学习兴趣与热情，因此，想要增强大学生对中华优秀传统文化的认可度，首先要从其教育内容入手，不断增强中华优秀传统文化自身的吸引力与感召力。为此，各高校在丰富中华优秀传统文化教育内容的过程中，需要注意以下几点。

第一，强调时代感，即中华优秀传统文化的教育内容必须与当下的社会形势相适应，与时代精神相融合，做到与时俱进，避免保守僵化，不断地增强中华优秀传统文化的时代气息。

第二，体现国际化，即高校在进行中华优秀传统文化教育过程中，教育内容除了强调大学生应该传承与发展本民族优秀传统文化外，还需要教育大学生在对待世界各国优秀文化成果时，应该采取兼收并蓄、包容尊重的态度，正确处理本民族文化与外来文化之间的关系，并借助外来优秀文化成果不断完善与充实本民族文化的内容。

第三，重视民族性，即高校应该加强引导大学生领悟中华优秀传统文化中独特的民族面貌、强大的民族魄力以及丰富的民族内涵，普及中华传统文化知识，提倡中国传统节日，并通过经典诵读、穿汉服、实地参观文化名胜古迹和博物馆等形式，不断增强中华优秀传统文化教育的贴近性与实效性。

第四，结合专业性，即高校要结合各专业特色，将中华优秀传统文化融入各个专业的课程教材中，让大学生意识到中华优秀传统文化与自己的专业相关，进而提高重视。因此，结合专业特色，丰富课程学习内容，是提高大学生对中华优秀传统文化的兴趣与获得大学生认可的有效方式。

2. 改进与创新教学方式

随着教育环境的新发展以及大学生思想动态的新变化，以往那些传统、单一的课堂教学方式早已不能完全适应当下中华优秀传统文化教育的需求。为了进一步增强教育的实效性，提高大学生对中华优秀传统文化的兴趣，需要不断改进与创新教学方式。

第一，课堂教育与自我教育相结合。教师在进行中华优秀传统文化教育时，仅拘泥于传统的课堂教学是远远不够的，而自我教育是对课堂教育的一种补充与巩固，有利于调动大学生学习中华优秀传统文化的主动性，从而加快吸收与内化课堂上所学的文化知识。因此，教师在进行课堂教育时，应该肯定学生的自我意识、鼓励学生主动思考，并尊重学生的主体地位与自我个性，引导他们积极主动地学习与了解中华优秀传统文化。

第二，传统手段与现代媒介相结合。随着社会的发展以及科学技术的进步，课堂教学除了传统的理论灌输法之外，还应该多利用一些现代媒介，如网络、手机、电视、多媒体等，并结合声音、图片、视频等形式，让文化理论课更加丰富精彩，让课堂气氛也更加生动活泼。这种富有时代气息的中华优秀传统文化教育，更容易提高大学生的学习积极性与主动性，进而重拾他们对中华优秀传统文化的自信与认可。

第三，理论教学与社会实践相结合。高校进行中华优秀传统文化教育若仅停留在理论教学的层面上，则会严重影响教学效果，因此，大学生要学会把课堂教学中所掌握的中华优秀传统文化的理论知识运用到社会实践当中去，加强课外实践，参加实习实训。这种内外相协调的方式，在很大程度上有利于加深大学生对中华优秀传统文化知识的理解与认知。

第四，学校教育与家庭教育、社会教育相结合。学校教育是培养社会人才和弘扬优秀文化的重要环节，但是为了使中华优秀传统文化教育更具实效和更贴实际，还应该不断凝聚家庭教育与社会教育的合力，形成一个相互补充、相互协作的教育格局。因此，家庭教育要积极配合学校教育，充分发挥家风家训家教的作用，社会也要努力为中华优秀传统文化教育创造一个健康、文明、和谐的外部环境，促进学生能够在学校、家庭、社会的紧密联系中夯实传统文化知识结构，提升思想道德素养，进而更加认同中华优秀传统文化。

3. 拓宽与优化教师队伍

教师是进行中华优秀传统文化教育的主体，学生是客体。高校要在坚持教师主体与学生客体相结合的基础上，不断拓宽与优化师资队伍建设，这样才有利于更好地引导大学生学习与理解中华优秀传统文化。一方面，增强教师的专业知识水平，提高教学技能。教师是人类灵魂的工程师，其价值观、思维方式、道德品质、人文素养等均会对大学生产生不同程度的影响，因此，教师自身必须具备丰富的文化知识储备，从而更好地履行立德树人、言传身教的使命，同时也有利于为学生树立榜样示范作用。此外，高校也应该定期对教师进行专业培训、交流与研讨，选拔与培养出一支具备中华优秀传统文化底蕴和知识技能的师资队伍，从而有效地提高大学生的文化辨别能力。另一方面，教师也要端正自己的教学态度，认真对待中华优秀传统文化这门课程，自觉改进教学方法，减少一味地以“灌输式”“注入式”传授中华优秀传统文化知识。此外，高校应该加强监督，通过课堂旁听、学生访谈等方式准确掌握教师的教学实情，对教学方法不当以及教师态度不端等问题要及时提出批评、建议与改正。因此，高校不仅要重视中华优秀传统文化教育，教师作为大学生的人生导师，也必须严格要求自己，并以其自身的人格魅力对大学生发挥潜移默化的教育作用。

（二）注重校园文化建设和营造和谐的育人环境

学校是培养社会人才的主要阵地，也是大学生学习、生活、娱乐的综合场所，而校园文化实质上是社会精神文化的一个缩影，在很大程度上是通过一种潜移默化的方式影响着

大学生的思维方式、价值观念和行为模式。因此，各大高校必须把中华优秀传统文化教育的内容融入校园文化建设中去，实现校园物质文化、精神文化、制度文化相统一，为大学生营造一个和谐宽松的育人环境。

1. 注重校园物质文化熏陶

物质文化是指人类创造的物质财富及其创造方式，是可感知的、具有物质实体的文化事物，构成整个文化创造的基础。校园物质文化是学校理念与人文精神的一种外在表现，主要是通过校园的布局、建筑、绿化、设备等各方面体现出来，从而让大学生置身于一个环境优美、文化浓郁的校园环境中，不仅可以深受文化熏陶、净化心灵，同时还能在潜移默化中增强大学生的认同感与归属感。因此，各大高校必须把中华优秀传统文化融入校园文化建设中的各个环节。首先，在学校的主要干道与场所打造高雅的人文景观，设立雕塑画像，建造文化画廊与名人墙，悬挂名言警句、优美诗句、书法绘画等，让大学生时时刻刻接受中华优秀传统文化的熏陶。其次，加强校内图书馆、校史馆、博物馆、美术馆、艺术馆等各类文化场馆建设，充分发挥这些场馆的文化育人作用。最后，积极开发与设计一些具有校园文化特色的文化衫、明信片、艺术品、文具、生活用品等文化产品，并以其独特的艺术价值以及文化内涵吸引大学生的注意力，从而有效地传播中华优秀传统文化。

2. 注重校园精神文化陶冶

校园精神具有极强的渗透性，渗透、潜伏和弥散在整个校园的各个层面与因素之中，形成浓厚的精神氛围，让师生置身其中不知不觉地受到感染、熏陶和教化。校园精神文化的核心是大学精神，往往通过校风与校园文化活动体现出来。因此，高校在进行校园文化建设时，应该把中华优秀传统文化融入大学精神、校风、校园文化活动之中，通过潜移默化的方式陶冶大学生的情操。首先，各大高校要在民族精神与时代精神相结合的基础上，对学校的办学理念、精神追求、治学风格等方面进行凝练与总结，不断加深大学生对大学精神的理解与认同，并在弘扬与发展过程中努力转化为全校师生的共识。此外，依托校训、校徽、校歌、校旗等载体，展现中华优秀传统文化的丰富内涵和价值理念，发挥大学精神的育人功能。其次，不断加强校风建设，即主要表现在领导干部作风建设、教师教风建设以及学生学风建设，努力形成团结民主、求真务实的作风，爱岗敬业、为人师表的教风，以及勤学刻苦、言行一致的学风。这不仅是对学校领导干部、教师和学生的一种约束与要求，同时也是践行中华优秀传统文化所蕴含的道德理念的一种有效途径。最后，将中华优秀传统文化教育融入校园文化活动之中。比如，定期举办读书日或文化节，让大学生养成诵读经典名著的习惯；定期开展形式各样的文体活动，让大学生通过舞台剧、音乐会、文艺晚会等形式深刻感受中华优秀传统文化的风采与魅力。此外，高校在进行校园精神文化建设时，不仅要体现校园特色，还要紧跟时代潮流，这样才能更好地实现以文化人。

3. 注重校园制度文化规范

制度文化作为校园文化的内在机制，包括学校的传统、仪式和规章制度，是维系学校正常秩序必不可少的保障机制，是校园文化建设的保障系统。校园制度文化作为一种文化准则与习俗文化，包括规章制度、道德规范、行为规范和工作守则等内容，对全校师生来说具有一定的约束、调控与导向作用，也是校园文化建设的重要组成部分。因此，各大高校要不断完善相关制度，依法治校，树立权威，不断规范学校管理、师德师风以及学生行为等，从而在制度上保障中华优秀传统文化教育的全过程。另外，完善激励措施，鼓励全校师生积极参加中华优秀传统文化教育的实践活动，对于表现突出的学院、教师和学生给予一定的奖励，并作示范。建立完善的校园制度文化体系，不仅有利于保证学校各项工作正常有序进行，促进大学生培养良好的行为习惯，还能为大学生接受中华优秀传统文化教育营造一个良好的、和谐的育人环境。

四、落实大学生的行为认同

践行中华优秀传统文化所蕴含的价值理念是文化认同的最终环节与落脚点，因此，当大学生对中华优秀传统文化已经构成一定的认知，并形成共识与认可后，最终还必须落实到社会实践中去。只有这样，才能不断提高大学生文化修养、道德品质，从而促进中华优秀传统文化的传承与发展。因此，当代大学生必须坚持知行合一的原则，积极投入中华优秀传统文化的践行之中，不断领悟其思想文化精髓，最终实现内化于心、外化于行，从而真正达到以文化人的目标。

（一）端正文化心态

如今，经济全球化与文化全球化高速发展，外来文化不断涌入我国，形成文化多元现象。虽然这种趋势在一定程度上会扰乱大学生的文化选择，但是我们必须理性看待这一现象。

随着各国之间的联系日益密切，世界早已成为各国文化与文明的大熔炉，任何文化在大熔炉里面都是互相平等的。因此，当我们面对文化多元化时，应该保持一种理性、平和的心态，不能盲目否定一切或肯定一切。首先，正视现实，从实际情况出发，了解清楚中华优秀传统文化自身存在的不足之处，从而有选择性地吸收一些能够补充中华优秀传统文化的内容以及巩固其地位的外来文化。其次，提高文化辨别能力，充分认识外来文化的实质内容与表现形式，防止与杜绝那些表面上打着文化交流的旗号，背后却有意动摇中华优秀传统文化地位的外来文化。最后，坚定文化立场。尽管有些外来文化的闪光点深受大学生的喜爱与追捧，但是我们不能对本民族文化产生自卑心理，应该坚定文化自信，不断吸收适应时代发展与社会进步的外来优秀文化成果，推动实现中华优秀传统文化的创造性转化与创新性发展。

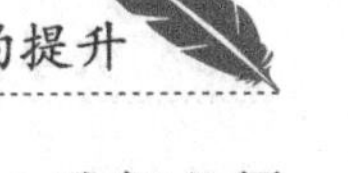

世界各国的文化在不断地发展与更新，文化交流日趋频繁，面对外来文化，我们必须端正文化心态，学会求同存异、对外兼容，促进中华优秀传统文化不断传承与创新。

（二）增进文化自觉

辩证唯物主义认为内因是变化的根据，外因是变化的条件，外因只有通过内因才能起作用。本文从文化思潮、学校教育、社会转型和大学生个人等四个方面详细分析了影响当代大学生对中华优秀传统文化认同的因素，其中，学校、社会等方面的因素归为外因，而大学生个人方面的因素才是内因所在。因此，不断增进大学生的文化自觉，不仅是他们自身健康成长的内在需求，同时也是学习和践行中华优秀传统文化的重要支撑与内在动力。

文化自觉是文化自信的基础，只有当大学生对中华优秀传统文化有充分的认识与了解，才能辩证地看待中华优秀传统文化的优越性与局限性，并理性吸收外来文化的精粹，从而在内心深处真正树立坚定的文化自信。因此，大学生要树立高度的文化自觉，首先就要清醒认识到自己的身份地位，并时刻牢记传承和发展中华优秀传统文化的责任与使命。大学生作为民族的未来、国家的希望与社会的栋梁，不仅是我国经济社会发展的重要力量，还是中华优秀传统文化得以传承与发展的主力军。因此，当代大学生要积极主动学习与践行中华优秀传统文化，加强爱国主义教育，坚决抵制腐朽文化、错误文化等不良文化的侵蚀。其次，大学生要充分认识与肯定中华优秀传统文化的历史意义与现代价值。中华优秀传统文化是中华民族几千年来辉煌与磨难的历史积淀，是中华民族宝贵的文化遗产，也是中华民族生生不息的精神食粮。中华优秀传统文化涵盖了丰富的修身之道、齐家之道、治国之道等各方面内容，不仅对于提升大学生的人格修养具有独特的价值，对于中华民族的绵延发展来说，也发挥着不可比拟的作用。

大学生树立高度的文化自觉，既是应对全球化趋势的必然选择，又是实现文化强国的内驱力，也是大学生提升个人修养与人格品质的内在需求。因此，不断增进大学生的文化自觉，加强学习与践行中华优秀传统文化，不仅有利于促进大学生健康成长成才，同时对于国家发展和民族兴旺来说都具有重大意义。

（三）实现以文化人

以文化人一般是指用先进的、优秀的文化通过潜移默化的形式来教化人、感化人、净化人，不断提升人的思想觉悟、价值追求以及文化素养，从而产生强烈的归属感与认同感，进而塑造健康的人格修养，促进人的自由而全面发展。中华优秀传统文化蕴含了丰富的思想精髓与价值理念，是中华民族过往时代的精华，由于其在历史发展过程中早已渗透在各种文化产品与文化信念之中，因此，中华优秀传统文化就成为以文化人的理论源泉与重要依据。

以文化人并非任何文化都能够实现“化”人的作用，只有先进的、优秀的、健康的文化才能够培养出健康、高雅、文明之人，而那些腐朽、落后、消极的文化则容易化成低俗、不良、邪恶之人。大学生作为社会的栋梁，必须接受先进的、优秀的和健康的文化熏陶。首先，积极培育与践行社会主义核心价值观，不断引领大学生明确个人发展的价值取向与人生追求；其次，努力传承与发展中华优秀传统文化，坚持古为今用、推陈出新，不断提高自己的文化自觉与文化自信；最后，置身于当今这个文化多元化的时代，我们还需要主动吸收与借鉴世界各国优秀文化成果，取其精华为我所用，从而成为一个视野宽阔、胸怀宽广的时代新人。

通过中华优秀传统文化的载体形式、传播方式、教育方法等不同层面详细分析了增强大学生对中华优秀传统文化认同的具体措施，其最终落脚点就是为了实现以文化人。总而言之，实现以文化人就是要在继承与发展中华优秀传统文化的基础上，坚持古为今用、洋为中用，推陈出新、革故鼎新，并强调理论性与实践性统一、传统性与现代性结合、导向性与多样性并存的重要原则，不断增强大学生对中华优秀传统文化的认同，提高文化素养，塑造健康人格，从而为新时代社会主义现代化培育出更多的社会人才。

第四章　中华优秀传统文化与文化自信

第一节　中华优秀传统文化自信的概述

一、文化自信与中华优秀传统文化的内在关联

中国敢说文化自信，究其根本原因就是我们拥有悠久的文化底蕴，我们传承了长久以来的中华优秀传统文化。文化延续、文化的健康成长，都得益于对我们对文化有着满满的信心。

（一）文化自信是传承发展中华优秀传统文化的航标

自鸦片战争以来，如何对待传统文化的问题，始终困扰着中国人，有部分国人认为我国的古代文化是迂腐的、迷信的，是不值得传承下去的，从而走向历史虚无。也有一部分国人则坚持文化复古。无论是虚无还是复古，无疑都是不可取的。文化自信理念的提出，不仅回答了要不要传承中华传统文化的问题，同时也回答了传承什么样的传统文化的问题，它是大海上的航标，为迷失的巨轮指引了方向。

在要不要传承中华传统文化的问题上，文化自信的提出有利于化解“传统”与“现代”的紧张，召唤中华传统文化在当代的回归。回顾我们民族文化的生长脉络，其经历了自信、自卑再到如今重新建立起自信态度的过程。明中期以前，中国既是经济大国同时也是文化大国，史书典籍、绘画艺术、诗词歌赋，不仅在中国文化史上写下了动人的诗篇，同时也在东亚文化圈乃至全球文化发展史上绘上了美妙绝伦的画作。可以说，在近代以前，中华民族对于自身文化是怀有足够的信念的。但是，自鸦片战争以来，中国遭到西方列强的入侵后，西方文化的繁荣发展无疑给了当时的人们以巨大打击，处于生死存亡中的人们开始怀疑自身的文化理念，并对其感到自卑，尤其是在新文化运动前后表现得愈加强烈。新文化运动作为一场社会启蒙运动，其拥抱“新”文化、批判“旧”文化的理念对于解放思想的积极意义必然无可厚非。但是这一时期一些文化激进主义者所提出的以“打倒孔家店”为中心的“全盘反传统”的论断是将“传统”与“现代”对立起来，否定了传统文化具有现代转化的能力。虽然今天的中国已经不同往日，经济实力大幅跃升，但在文化方面，历史所遗留的文化自卑心态仍然存在，阻碍了中华传统文化的内在价值在当代的发

挥。而文化自信命题的提出，恰恰是对中华传统文化价值的肯定与确信，是对“传统—现代”二分的超越，有利于让中华传统文化重回当代社会价值体系，为当代社会的发展提供源源不断的方法与智慧，让人们都能在遵循规则的前提下实现和平相处。

在传承什么样的传统文化的问题上，文化自信有助于正确看待我国古代思想文化的两面性，传承发展其中的优秀部分。文化自信要求对民族文化有科学的认知，自然而然地包含着对传统文化的理性判断、辩证取舍。一种思想受其产生环境的影响，必然存在一些缺陷。我国古代思想文化也是如此，它经过上千年的生长发育，各种思想理念错综复杂，必然是精华与糟粕并存。其中，既有类似关怀劳苦大众、尊敬父母老人、诚信待人做事等优秀的思想理念，但也存在封建迷信等传统陋习。传承中华传统文化对于民族发展来说本是一件好事，但在此过程中有部分人没有认识到中华传统文化的两面性，把提倡封建迷信、陈规陋习当作传承中华传统文化，这不利于民众科学认识中华传统文化。只有树立文化自信的意识，才有利于理性、全面地看待我们的历史文化遗产，保留合理之处，摒弃不合时宜的地方。

（二）中华优秀传统文化是夯实文化自信的根基

首先，从纵向维度上看，中国文化源远流长，是坚定文化自信的根源。文化自信要有一定的底气作为支撑，这个底气需要有时间的沉淀。从时间上看，中国古代思想文化积厚流光，自殷周时期已开始孕育萌芽。虽然历经社会动荡、朝代更迭以及近代民族蒙难，仍然以其强大的毅力存活至今，经久不息。这样能够持久不衰的民族文化在世界上是独一无二的。

其次，从横向维度上看，中国文化自具特色，是树立文化自信的基础。世界文化丰富多样，一些文化多从他受，而中国文化独自创发，自成体系，具有鲜明的民族个性。在物质层面，秦砖汉瓦、笔墨纸砚、青花粉彩无不彰显中国文化的独特魅力；在制度层面，大一统政治体制、科举制度展现了中国文化的治理效能；在精神层面，儒释道所论的修行境界体现了中国文化深邃的人生智慧。这些都足以让我们在世界文化之林中有理由坚定自信。

最后，从价值维度上看，中国文化影响深远，为厚植文化自信提供文化共识。中国人思考的方式、在价值上的选择以及做事的方法在一定程度上有着相似性，这是因为我们在不知不觉中都受着古代观念的影响。如“天下兴亡，匹夫有责”的爱国理念、“威武不屈”的自强精神、“人无信不立”的诚信品质、“知行合一”的认识论思想、“老吾老以及人之老，幼吾幼以及人之幼”的社会风气等。这些价值理念不仅在古代为中国人所遵循，在新时代仍然植根于中国人的心中。一个民族的文化只有生活在这里的族人接受、尊重、认同，才能有底气讲文化自信。

（三）将中华优秀传统文化置于中国特色社会主义文化自信中

中华优秀传统文化与革命文化、社会主义先进文化相统一，共同构成中国特色社会主

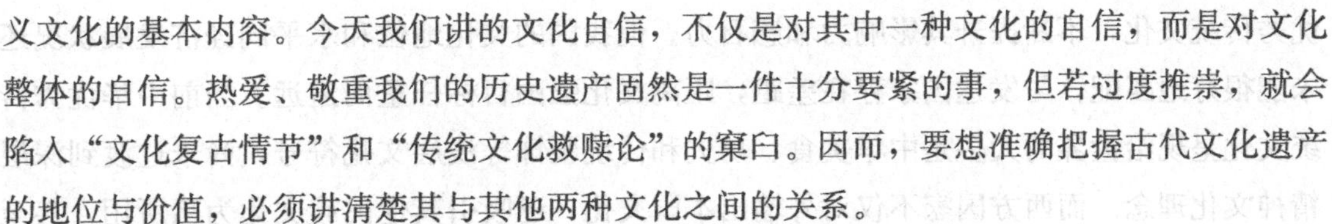

义文化的基本内容。今天我们讲的文化自信，不仅是对其中一种文化的自信，而是对文化整体的自信。热爱、敬重我们的历史遗产固然是一件十分要紧的事，但若过度推崇，就会陷入“文化复古情节”和“传统文化救赎论”的窠臼。因而，要想准确把握古代文化遗产的地位与价值，必须讲清楚其与其他两种文化之间的关系。

这三种文化是古今相通的。中华优秀传统文化代表着中国文化的古代形态，虽成于古代却影响至今，充盈着中华民族在漫长历史实践中淘洗、沉淀出的民族智慧，其知行合一、和而不同、仁爱友善和敬业奉献等丰富的精神内涵深深沁入中国人的心灵。革命文化、社会主义先进文化代表着中国文化的近现代形态。

总之，中国特色社会主义文化三个组成部分之间并不是彼此割裂的，而是古今相通、相互联系的，后者是前者的赓续发展。因而，文化自信语境下对中华优秀传统文化的肯定，不是过度强调和推崇一种文化，而是对中国特色社会主义文化的整体自信。

二、大学生中华优秀传统文化自信培育的时代诉求

理念引领行动，方向决定出路。中国特色社会主义进入新时代，开启全面建设社会主义现代化国家新征程，中华民族和中国人民的精神面貌焕然一新。新时代的发展呼唤具有中华优秀传统文化自信的优秀人才，这既是建成社会主义文化强国的需要，也是铸牢中华民族共同体意识的需要，更是加强大学生“四个自信”教育的需要。

（一）新时代建成社会主义文化强国的战略需要

当今世界，百年未有之大变局与世纪罕见之疫情相互交织，走进新时代的中国正处于实现中华民族伟大复兴的关键期，要想在激烈的竞争中掌握话语权，使文化软实力同自身经济实力相匹配，离不开强大的中华优秀传统文化自信支撑。党的十九届五中全会明确提出到 2035 年建成社会主义文化强国的远景目标，在全社会营造了浓厚的文化氛围。大学生作为社会主义文化强国主力军，肩负着传承中华优秀传统文化的使命。中华优秀传统文化自信的培育，将维护国家文化安全，提高文化软实力，增强大学生的志气、骨气和底气。

1. 维护国家文化安全的需要

文运同国运相牵，文脉同国脉相连。文化安全事关国家稳固、民族团结和精神传承，与文化自信息息相关。作为一个有机整体，文化自信包含了中华优秀传统文化自信、革命文化自信和社会主义先进文化自信。其中，中华优秀传统文化是中华民族的根与魂，如果缺少其精神滋养，国家文化安全则难以维系。自新时代以来，在党的坚强领导下，我们坚持以社会主义核心价值观引领文化建设，群众性的精神文明创建活动扎实推进，国家文化事业和文化产业繁荣兴盛，国民的文化自信水平显著提升，文化活力和创造力得以激发，为建成社会主义文化强国提供重要保障。在文化全球化背景下，当今中国也积极传播中华

优秀传统文化，不断提升其影响力和感召力。但我国的文化地位和水平同经济发展状况还未能很好地匹配，与发达国家存在差距，距离文化强国目标任重而道远。当前中华优秀传统文化呈现给世界的大多是中华美食、功夫和传统服饰等浅层文化符号，尚未过渡到深层精神文化理念。而西方国家不仅对外输出本国文化，还吸引其他民族文化为己所用，甚至试图借助影视和动漫作品等渠道，改编中国历史与文化典故，渗透西方思想理念，如美国电影《花木兰》和《功夫熊猫》等，日本在动漫作品和游戏产业中也大量融入中华传统文化元素。在文化交流碰撞中，中华优秀传统文化不可避免地面临西方“强势文化”冲击，引发传统文化认同的危机，给中华优秀传统文化自信带来挑战。由于受到西方价值观和历史虚无主义等影响，部分大学生陷入中华优秀传统文化自信缺失境地，因此迫切需要引导大学生发自内心热爱本民族文化，坚守中华文化立场，坚定不移地保护中华优秀传统文化。

2. 提高文化软实力的需要

文化宏图绘就，建设任重道远。当今世界，文化软实力在综合国力竞争中的地位和作用日益凸显。面对我国社会主要矛盾发生的新变化，繁荣和发展社会主义文化越来越成为满足人民日益增长的精神文化需要和实现人民美好生活的关键。党的十九届五中全会明确了到 2035 年建成社会主义文化强国的远景目标。社会主义文化强国的建成离不开文化软实力的精神支撑，文化软实力的提高离不开文化自信的重要保障。回溯历史，中华民族的文化自信由来已久。明朝以前的中国，曾是世界上文化高度发达的国家。商周、春秋、汉代、盛唐、两宋时期的中华文化也曾一度繁荣，当时的中国人充满自信。但 1840 年鸦片战争以后，中华民族在救亡图存的民族危机面前，陷入文化自卑境地。甲午战争的战败，导致中国文化自主权丧失，引发了更为严重的文化焦虑现象。直到中华人民共和国成立之后，中华民族才逐渐找回文化自信。步入改革开放新时期之后，文化自信得以回溯，但同样面临西方意识形态渗透等挑战。着眼现实，党的十八大以来，中国共产党人在推进文化自信建设的进程之中，注重从中国文化发展的实际出发，从中华优秀传统文化的沃土之中汲取养分，坚守中华文化立场，合理吸收和借鉴外来文化的有益成果，丰富和发展中华传统文化的内容，取得了一系列辉煌成就，国家文化软实力不断增强。新时代大学生作为社会主义文化强国建设的中坚力量，有责任和义务坚定文化自信，坚守中华民族的根与魂，使中华优秀传统文化一代代地传承和发扬下去，为提高文化软实力，建成社会主义文化强国贡献青春力量。

3. 增强志气、骨气、底气的需要

时代造就青年，盛世成就青年。在庆祝中国共产党成立 100 周年大会的重要讲话中，习近平总书记寄语新时代的中国青年“要以实现中华民族伟大复兴为己任，增强做中国人的志气、骨气、底气，不负时代，不负韶华，不负党和人民的殷切期望！”[①] 志气、骨气和底气的提升需要以中华优秀传统文化为滋养，夯实中华优秀传统文化自信的精神根基。

第一，新时代大学生只有不断增强做中国人的豪迈志气，才能更好地立鸿鹄志、做奋斗者，培养积极进取和勇于担当的气魄，将中华优秀传统文化的发展与个人理想紧密结合，筑牢信仰之基，把稳思想之舵，补足精神之钙，以强大奋斗之志，推动中华优秀传统文化的创新发展。

第二，新时代大学生只有不断增强做中国人的铮铮骨气，才能无惧挑战，迎难而上，增强作为中华儿女的自信心和自豪感，争做中华优秀传统文化的忠实传人。

第三，新时代大学生只有增强做中国人的厚实底气，才能不断形成对中华优秀传统文化生命力的正确认知、对中华优秀传统文化的价值认同，升华传统文化体验，提升传统文化素养，投身中华优秀传统文化实践，激活传统文化活力，交出满意的时代答卷。加强中华优秀传统文化自信培育，是涵养大学生的中国文化、中国精神和中国气质，提振大学生精气神的需要，将激发大学生的内生动力，凝聚起中华优秀传统文化发展的磅礴伟力，助推社会主义文化强国建设。

（二）新时代铸牢中华民族共同体意识的迫切需要

中华民族多元一体是先人留给我们的丰厚遗产和独特优势。中华优秀传统文化作为中华民族从多元到一体、从困难到辉煌的重要见证及历史积淀，是夯实中华民族共同体意识的文化根基。习近平总书记在党的十九大报告中强调，“全面贯彻党的民族政策，深化民族团结进步教育，铸牢中华民族共同体意识”[②]。我们要增进的文化自信，是中华民族对于自身文化理想、价值、活力和前景的确信，蕴含着中华民族对自身文化理想的坚守、对文化价值的认同、对文化发展生命力的肯定。加强中华优秀传统文化自信培育，是铸牢中华民族共同体意识、牢固维系各民族团结统一的迫切需要。

1. 铸牢中华优秀传统文化认同的需要

文化认同作为对一个民族基本价值的肯定性判断，是民族团结的根脉，是文化自信的前提。党的十八大以来，在中国共产党的正确领导下，我国各族人民团结一心，携手奋进，推进中华优秀传统文化的传承、发展与创新，中华民族的面貌发生历史性变化，各族人民的精神生活不断丰富，对中华优秀传统文化的情感认同更为深厚。习近平总书记在全国民族团结进步表彰大会上的讲话中指出，“坚持文化认同是最深层的认同，构筑中华民族共有精神家园”[③]。如果中华儿女不认同源远流长、博大精深的中华优秀传统文化，对中

---

① 习近平．在庆祝中国共产党成立100周年大会上的讲话［N］．人民日报，2021-07-02.

② 习近平．决胜全面建成小康社会　夺取新时代中国特色社会主义伟大胜利——在中国共产党第十九次全国代表大会上的报告［N］．中国政府网，2017-10-27.

③ 习近平．在全国民族团结进步表彰大会上的讲话［N］．人民日报，2019-09-28.

华优秀传统文化的独特价值和生命力不自信，中华民族共同体意识将难以铸牢。因此，新时代的发展呼吁我们坚持各民族相互尊重、学习借鉴原则，铸牢大学生的中华民族共同体意识，既要引导各民族大学生认可中华优秀传统文化，对中华传统文化取其精华、去其糟粕，批判继承、古为今用，推动中华优秀传统文化的创新发展，更要描绘好中华优秀传统文化的发展前景，增进大学生的中华优秀传统文化认同，增强大学生对中华优秀传统文化的获得感、认同感和参与感，推动各民族团结一致，构筑中华民族共有的精神家园。

2. 铸牢中华优秀传统文化自觉的需要

培养大学生高度的中华优秀传统文化自觉，是铸牢中华民族共同体意识、巩固中华优秀传统文化认同、推进中华民族共同体建设的现实需要。各族人民民心相通，守望相助，团结和睦，亲如一家，延续了中华民族多元一体的精神血脉，创造了灿烂的中华优秀传统文化。大到“犯我中华者，虽远必诛”，小到“落叶归根”“魂归故里”，都是中华儿女归属感的有力彰显。中华优秀传统文化连接并凝聚着多样化的民族精神要素，促进了国家的繁荣和民族的复兴，其内涵与时俱进，涌现出舍生取义、精忠报国的奉献精神，居安思危、忧国忧民的民族忧患意识和救亡图存、奋起反抗的民族至上观念等。我们要想铸牢中华民族共同体意识，需要弘扬中华民族“修身齐家治国平天下”的主流文化精神，倡导“天下已任”的民族大义追求，更要主动践行“天将降大任”的自觉担当。高校要善于发挥中华优秀传统文化的强大凝聚力和感召力，唤醒大学生传承中华优秀传统文化的自觉意识，鼓励大学生自觉肩负起铸牢中华民族共同体意识的责任，推动民族团结进步事业的蓬勃发展。

3. 铸牢中华优秀传统文化自信的需要

历史和现实表明，没有哪一个民族在对自身文化持怀疑、鄙视甚至自卑态度之时，仍能够实现民族振兴和文化发展。高度的中华优秀传统文化自信，是一个民族在文化上有所创新创造的精神底气，推动一个民族在激烈的国际竞争中站稳脚跟，走在时代前列。正是在中华优秀传统文化的精神滋养之下，中华民族的归属感、认同感、尊严感与荣誉感才得以不断巩固和增强。铸牢中华民族共同体意识在本质上是中华文化的“寻根”过程，其核心就在于各民族在文化上达成价值共识，以中华优秀传统文化作为凝聚各民族发展的精神力量，维系各民族团结奋进的精神纽带，铸牢中华优秀传统文化自信。在实现中华民族伟大复兴的关键时期，要想续写好时代发展的新篇章，必须铸牢中华民族共同体意识，激励大学生在新时代继续坚持中华优秀传统文化中兼收并蓄、宽容豁达的高贵民族品质，参与传承和创新中华优秀传统文化的实践，营造“中华民族一家亲，同心共筑中国梦”的和谐社会氛围，展现时代新人的担当。

（三）新时代加强大学生“四个自信”教育的现实需要

当今中国，我们要坚定道路自信、理论自信、制度自信，其本质在于5000多年文明

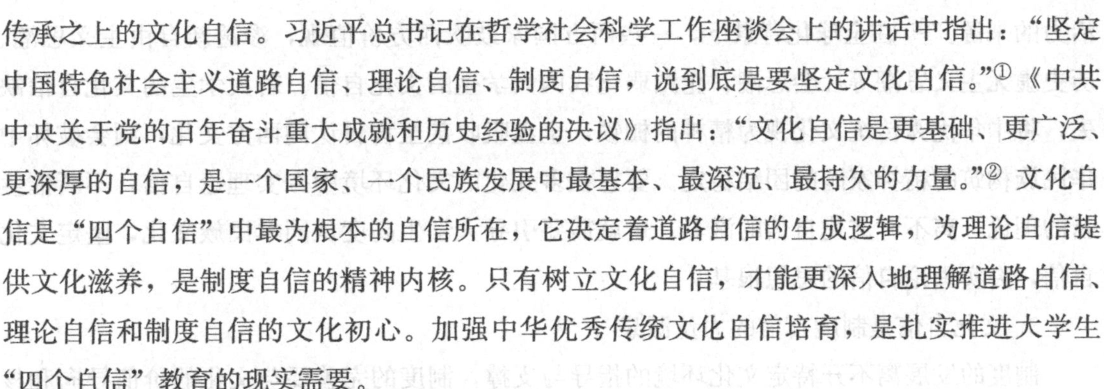

传承之上的文化自信。习近平总书记在哲学社会科学工作座谈会上的讲话中指出："坚定中国特色社会主义道路自信、理论自信、制度自信，说到底是要坚定文化自信。"①《中共中央关于党的百年奋斗重大成就和历史经验的决议》指出："文化自信是更基础、更广泛、更深厚的自信，是一个国家、一个民族发展中最基本、最深沉、最持久的力量。"② 文化自信是"四个自信"中最为根本的自信所在，它决定着道路自信的生成逻辑，为理论自信提供文化滋养，是制度自信的精神内核。只有树立文化自信，才能更深入地理解道路自信、理论自信和制度自信的文化初心。加强中华优秀传统文化自信培育，是扎实推进大学生"四个自信"教育的现实需要。

1. 文化自信是道路自信的根脉所在

文化自信的核心是价值观自信，社会主义核心价值观揭示了中国道路的价值取向和价值选择，为中国道路指明了正确方向。一方面，文化自信为道路自信指明方向。中国道路发端于近代以来仁人志士救亡图存的探索。面对西方文化的强势侵袭，中国这头"东方雄狮"处于弱势地位，其背后是文化的自我否定。经过百余年来历代仁人志士的持续奋斗，经历了诸多救国救民道路的探索之后，中国共产党人选择了适合自己的、具有中国特色的社会主义现代化发展之路，重拾文化自信，使中华优秀传统文化的历史底蕴更为深厚，前进定力更为强大。在中国道路向前推进的实践进程中，不可避免地面临各类观念碰撞和文化冲突，引发矛盾危机，需要以强大的文化自信为支撑，将中华优秀传统文化中倡导的"天下为公"的远大理想、"先天下之忧而忧"的天下情怀和"民为贵、社稷次之、君为轻"的民本追求等中华优秀传统文化与马克思主义相结合，以"和而不同"的文化价值观念渗透人们的内心世界，外化为自觉的文化实践，展现道路自信。另一方面，文化自信为走好中国道路提振精气神。从世界现代化的历史进程来看，中国道路是顺应历史潮流和中国实际作出的正确选择。文化自信奠定了道路自信的深层价值根基，有助于引导大学生了解中国式现代化道路背后的文化逻辑，全面认识中国道路的发展现状，激发大学生对中国道路坚定信心，投身中国式现代化道路发展的实践。

2. 文化自信是理论自信的思想根基

我国传统文人常以"腹有诗书气自华"彰显自信，其中，"腹有诗书"为基础和前提，"气自华"为自信的结果和表现。理论的形成与发展只有与文化合流，才能源远流长、千古流芳，更好地发挥出对实践的指导作用。文化自信是理论自信的本质和根基，理论自信是文化自信的凝练和精髓。习近平总书记在纪念马克思诞辰200周年大会上的讲话中指出："理论自觉、文化自信，是一个民族进步的力量；价值先进、思想解放，是一个社会

① 习近平．在哲学社会科学工作座谈会上的讲话［N］．人民日报，2016-05-19.

② 中共中央关于党的百年奋斗重大成就和历史经验的决议［N］．中国政府网，2021-11-16.

活力的来源。"[①] 在全球化背景下，一些西方国家鼓吹西方价值观，渗透新自由主义思潮、历史虚无主义思潮等社会思潮，企图弱化我国大学生的文化自信。若大学生的文化自信缺失，将中华优秀传统文化视为精神的枷锁，全盘吸收甚至盲目认同西方文化，则会破坏中华民族构筑的精神家园的团结稳定。要想在多元化的文化环境中夯实理论自信，不断催生新的理论，离不开文化自信的滋养。这就需要引导大学生高度认同本民族文化，坚定文化自信，夯实理论自信的思想根基。

3. 文化自信是制度自信的力量源泉

制度的发展离不开特定文化环境的指导与支撑，制度的完善要与文化的价值导向和核心精神相适应，否则便是一纸空文，难以落到实处。一方面，中华优秀传统文化中蕴含的自信精神，不仅塑造了中国人的理想信念、价值取向及人格意识，更构成了中华民族赖以生存发展的精神支柱，孕育了各民族先进的制度文明。中国的制度设计既符合现代化的发展需要，又植根于中华优秀传统文化的历史传统。文化自信决定了制度自信的选择，影响制度实施的自信，更制约制度评价的自信。例如，传统文化中"天下为公"的治道思想影响了中国制度的价值目标，"贵和持中"的传统文化精神塑造了中国制度的思维方式，"民惟邦本"的民本价值追求滋养着中国制度的主题主线。深厚的中华优秀传统文化奠定了制度自信的文化根基，推动了国家的发展和民族的强盛。另一方面，中国文化的价值立场决定了我们不能照搬西方的制度模式。中国特色社会主义制度发展至今，仍遵循着中华优秀传统文化的核心价值。中华优秀传统文化自信培育有助于培养新时代大学生的辩证思维和世界眼光，以强大的文化自信，为制度自信提供重要的力量源泉，夯实制度自信的文化基础。

第二节　中华优秀传统文化的弘扬

一、弘扬中华优秀传统文化必须坚持马克思主义的指导

中华民族以其独特性傲立于世界东方，焕发出盎然生机，中华优秀传统文化是其永不凋谢的动力。弘扬中华优秀传统文化的首要前提是确立和坚持马克思主义在社会意识形态领域的指导地位。马克思主义经过历史和实践的检验，是科学的方法论。我们必须以马克思主义作为弘扬我国优秀传统文化的科学指导方针，充分挖掘和发挥优秀传统文化的时代价值，体现中华民族独特的文化优越性，尽快实现中华民族的伟大复兴[②]。

---

① 习近平．在纪念马克思诞辰200周年大会上的讲话［N］．中国政府网，2018-05-04.

② 曾斌．试论马克思主义与中国传统文化内在精神的融通［J］．湖南科技学院学报，2012，33（12）：99-101.

（一）弘扬中华优秀传统文化必须以唯物史观为指导

唯物史观是马克思主义哲学的重要组成部分，对人类正确认识人类历史有重要指导作用。在历史唯物主义诞生以前，人们总是相信人类社会由神、上天指引发展。历史唯物主义为新时代弘扬优秀传统文化提供了以下指引。其一，人与社会的关系。人是社会人，在弘扬优秀传统文化时，注重对人的价值观的培养，同时在社会层面形成良好的社会共识，让人与人之间、人与社会之间，接受优秀传统文化的熏陶，形成和谐安定的社会状态。其二，人类社会不断发展的运动规律。人类社会逐渐由低级向高级转变，在不同的社会形态中精神文化也是不一样的，我们弘扬的积极进取、革故鼎新的具有时代精神的优秀传统文化，一定要适应社会主义文化发展要求。其三，社会变革的动力。科技是第一生产力，是推动社会进步的重要动力。在社会生产力各要素中，人是最为活跃的因素。目前我们强调深入实施科教兴国战略、人才强国战略，充分说明了科学技术和高素质人才的重要性，而所谓高素质人才，理应包含三个方面的素质，即思想道德素质、科学文化素质和身心健康素质，三者缺一不可。否则，谈不上是全面发展的高素质人才。简言之，作为高素质人才，仅有“才”是不够的，还得有健康的身心和高尚的品德，尤其要有“德”，才能成为中国特色社会主义事业的合格建设者和可靠接班人。学习中华优秀传统文化，不但能使人增“智”，而且能给人补“德”。德关乎个人的品行修养，一些中华优秀传统文化蕴含着深刻的做人道理，其中不乏经典著作和动人的民族故事，可展现美好的品德，陶冶人的情操。其四，人是社会的主体，走群众路线。社会主义文化创作离不开人民群众，人民群众是文化创作的发起者，也是文化消费的参与者。生活在中华大地上的人们，从小就打上了传统文化的烙印，弘扬优秀传统文化离不开人民群众。其五，社会存在与社会意识的辩证统一。基于社会主义国家的性质，我们需要社会主义文化，把马克思主义同中华优秀传统文化结合起来，指导现实社会的发展，推动社会进步，助力精神能量补给。所以，唯物史观是科学的历史观，坚持以唯物史观为指导①，不仅能为新时代弘扬优秀传统文化提供方向指引、提供新思路，而且能让优秀传统文化更好地服务现代社会。

（二）弘扬中华优秀传统文化必须秉持辩证理性的态度

充分发挥优秀传统文化的时代价值，在传承中弘扬，在弘扬中发展，必须坚持辩证理性态度。对待任何一种文化，都必须进行具体的历史的分析，对其中合理的精华应该继承，对糟粕应该摒弃，即“扬弃”。对待中华传统文化，道理也是一样，既不能简单地全盘肯定，也不能简单地全盘否定，而要坚持“取其精华、去其糟粕”的辩证态度，予以批判地继承。这一科学态度始终贯穿于中国共产党弘扬优秀传统文化的全过程。文化属于意识形态领域，对一个时代而言，优秀的文化是随着时代的需求而产生和发展的，它有助于

① 杨彦京，蒋芳．文化建设当以唯物史观为指导［J］．人民论坛，2017（24）：136-137.

人们形成正确的世界观、人生观和价值观。曾几何时，社会上一些人的“三观”发生了严重扭曲，引发不少问题。其中，中华优秀传统文化的缺失是问题产生的重要原因，而一些人之所以丢弃了中华优秀传统文化，寻根究底，就在于他们的传统文化观出现了问题。所以弘扬优秀传统文化，始终都要坚持辩证的否定观。应当使国人了解自己的历史，受到熏陶，接受教育，全面提高民族素质，才能坚定文化自信，实现中华民族的伟大复兴。历史一再昭示我们，只有全面了解并热爱本民族的历史文化，尤其是优秀的传统文化，才能赢得世界上其他民族的尊重。

（三）弘扬中华优秀传统文化必须反对两种错误的倾向

弘扬中华优秀传统文化必须反对历史虚无主义、文化复古主义两种错误的倾向，这两种极端的文化主义思想极不利于对中华优秀传统文化的弘扬和社会主义文化建设。首先，在社会主义建设的诸多方面，如果不重视传统文化的发展，对其历史虚无化，中华民族将没有文化根基。在全球化的时代，中国依然是一个民族国家，而且世界上其他大国也无不弘扬自己的民族文化。其次，虽然传统文化中充满个人修养、为人处世、治国理政的大智慧，但是其中也存在许多腐朽的、落后的、过时的、压制人性的东西。历史事实一再证明，文化复古主义在历史的发展潮流中是行不通的。传统文化产生于过去的社会形态，不能满足更高级社会形态的人民对文化的需求和治理国家的理念。我们需要弘扬传统文化中优秀的那一部分，用几千年造就的人类智慧结晶，继续服务于社会主义文化建设，以实现民族复兴。历史虚无主义、文化复古主义都是不可取的，不论时代怎么变，传统文化的精神内核不会变，因为这些弥足珍贵的东西是华夏中国的基本源头。近代历史经验告诉我们，不因本国的弱小而怪罪民族文化，应学习他国的强处，渴望实现民族复兴，更应看到传统优秀文化给予我们的内生精神动力①。

二、弘扬中华优秀传统文化应该坚定文化自信

自古以来，华夏中国便是文明古国，多民族多文化共同发展，各种文化博大精深，源远流长。在历史发展的年轮中，中华传统文化既有传承，也有更新发展，在国家和社会以及个人层面都具有巨大的影响力。如今，弘扬优秀传统文化必须坚定文化自信。至于为何要坚定文化自信，主要体现在以下两点：其一，自古以来，中华民族就形成了各种传统文化，这些文化植根于历史发展的各个时期与各个层面，在行为准则与集聚众心方面起到了巨大推动作用，这种作用无可替代；其二，优秀传统文化世代传承发展，对新时代的我们在各个层面，包含思想作风、行为准则的养成等，仍然有着巨大的促进作用，这种作用的价值需要我们继续弘扬与发展②。

---

① 高长武．科学对待中华传统文化，需要反对四种错误倾向［J］．红旗文稿，2016（14）：24-26.

② 葛天．从弘扬中国优秀传统伦理道德看坚定文化自信［J］．新疆师范大学学报，2017，38（5）：102.

（一）中华优秀传统文化是坚定文化自信的底色

中华优秀传统文化是文化自信的源泉。优秀传统文化为文化自信扬起风帆，正是因为我国有丰富的优秀传统文化资源，才能在世界民族之林独树一帜。南方科技大学党委副书记李凤亮说："我们要进一步坚定文化自信、增强文化自觉，在开放借鉴全人类的思想基础上，创造出具有中国气派、中国风骨、中国特色的哲学社会科学话语体系。"[①] 我们应继续打上中国印记，更加努力地弘扬中华优秀传统文化，努力地继承与发展它，用它好好地走出一条中国路径。文化自信，是一个国家、一个民族、一个政党对自身文化价值的充分肯定，对自身文化生命力的坚定信念。否定优秀传统文化相当于否定继承与发展，始终是不可取也是不行的，这是一种文化不自信的表现。我们应当认清当下新时代国情的发展，要坚定文化自信，相信优秀传统文化有益、有助于中国社会的发展。

文化自信的源泉来自文化自尊与文化认同。应当对中华优秀传统文化进行深度的认同，对中华优秀传统文化的精华进行汲取与学习，其中就有"天行健，君子以自强不息""公家之利，知无不为，忠也""吏不廉平，则治道衰""君子之守，修其身而平天下"等，其中蕴含的自强不息、廉洁奉公、艰苦奋斗等理念具有鲜明的民族特色和时代价值，是中华文明传承至今没有中断的根基，是我们坚定文化自信的底气与底色。在诸多文化发展的历史河流中，各种文化以不同的形式形成了自己的特色，中华文化并不劣于其他文化，甚至优于其他文化。我们国家的发展可以依靠传统文化的智慧，实现社会发展。大力弘扬中华优秀传统文化，一定要发挥其对民族精神文化的润化滋养作用，从而提升文化自信。

（二）中华优秀传统文化是中华民族的精神家园

中华优秀传统文化就是我们赖以生存的精神家园，是每一位中华儿女的精神栖息地。我们无论是在顺境还是逆境，中华民族独特的精神理念都在指引我们向上、向善，中华优秀传统文化的思想就是我们坚守的精神家园。

坚守诚信。中华优秀传统文化中，关于信守承诺的有"言必行，行必果""人无信则不立，业无信则不兴""一言既出，驷马难追""以诚感人者，人亦诚而应"等。这些诚信思想对我们有着强烈的道德约束感，成为人们日常心中行事的一杆秤，规范着社会成员的行为。

坚定对家国的信仰。中华民族以独特的孝文化、爱国情怀为精神支柱。孔子认为"父母在，不远游"，孟子有"惟顺于父母，可以解忧"之说，孟郊则感怀"谁言寸草心，报得三春晖"。在传统节日我们都会与父母亲人相聚，特别是春节期间，这也形成了中国独特的"春运"现象。这就是中华优秀传统文化中"孝"文化的力量。而林则徐的"苟利国家生死以，岂因祸福避趋之"、于谦的"一寸丹心图报国，两行清泪为思亲"等，则是敢

---

① 把握时代脉搏　聆听时代声音——落实全国两会精神坚定文化自信述评［N］. 新华社，2019-03-21.

于为国牺牲、作贡献的爱国情怀。这些家国信仰无疑会激励着中国青年奋勇前行，作出一项项伟大事业。

儒释道多样的人生价值观。儒家强调“修身齐家治国平天下”“己欲立而立人，己欲达而达人”“穷则独善其身，达则兼济天下”的入世之说，倡导积极参与、认真做事、进取奋斗；同时，不以财富、权力、声望为追求目标，而讲修身、养德、济世。道家言“无为而无所不能为”“将欲歙之，必固张之；将欲弱之，必固强之；将欲废之，必固兴之；将欲取之，必固与之”，认为柔弱胜刚强，为人处世采取低姿态，想要的结果自然而然就会得到。佛家则让我们学会“以出世的精神，做入世的事业”。中华传统文化丰富的人生价值取向思想，使其具有更大的普遍适用性，可在不同层面与方向上满足各种人性格发展的需要，让人内心宁静与平和，促进社会良性循环。

强调民族团结，共守精神家园。孟子言“天时不如地利，地利不如人和”，人和对民族的共同发展至关重要。“单丝不成线，独木不成林”，汉族离不开少数民族，少数民族也离不开汉族，各民族需要交融发展。孙武言“上下同欲者胜”，中华民族只有齐心协力才会实现民族复兴，共同抵御外部风险。

中华优秀传统文化的智慧光芒穿透历史，思想价值跨越时空，历久弥新，是中华民族共有的精神家园，这就是我们为什么要继承和弘扬中华优秀传统文化的原因。

（三）中华优秀传统文化是助推中国梦实现的精神动力

中国梦的实现离不开优秀传统文化对中华民族提供的精神动力，实现中华民族复兴这一伟大事业，需要中华优秀传统文化这一伟大精神力量支撑。中华优秀传统文化中的“天下兴亡，匹夫有责”“位卑未敢忘忧国”等名言包含的社会责任感与爱国情怀催人奋进。中华优秀传统文化中蕴含的艰苦奋斗、自力更生精神，更是引领中国人民攻坚克难，创造一件件、一桩桩世界奇迹。中华优秀传统文化是中华民族生存繁衍、开拓进取的精神根基，实现中华民族的复兴需要大力弘扬中华优秀传统文化。

中华民族实现伟大复兴，并不是一家之言，还应在国际上得到认可。中国经济的强盛为民族复兴提供了物质基础，但面向国际，我们要展现“大国风范”有所作为，积极参加国际活动，增强国际话语权。中华优秀传统文化有着丰富的智慧，能为解决世界问题提供具有中国特色的全球化治理方案。中华传统文化中的“天人合一”思想，有助于解决人与自然的异化，缓解环境问题。我们以“信”树立大国形象，以“和”为贵，推崇“协和万邦”“亲仁善邻，国之宝也”“亲望亲好，邻望邻好”“国虽大，好战必亡”等和平思想。这些思想深深嵌入中华民族的精神世界，是中国处理国际关系的基本理念。由此可见，中华优秀传统文化凝聚着中国力量，对增强国际影响力起到至关重要的作用，为中华民族的复兴提供精神动力。

三、弘扬中华优秀传统文化应该坚持以创新为导向

弘扬中华优秀传统文化应始终坚持以创新为导向，以此推动中华优秀传统文化实现现代化转型，并服务于中国社会的建设与发展。所以，弘扬优秀传统文化要提炼其中蕴含的精神和价值，通过不同形式的文化创新，使中华文化与当代文化相适应、与现代社会相协调①。

（一）弘扬中华优秀传统文化应当体现时代性

中华优秀传统文化不是一成不变的，而是随着时代变迁而发展，要使优秀传统文化保持与时俱进、永葆生机，就要不断发掘创新其价值观念，体现其时代性。弘扬中华优秀传统文化要体现时代性，重要的是把握以下三个方面：其一，坚持以马克思主义为指导思想来弘扬优秀传统文化。一方面，用马克思主义基本原理和方法甄选、识别优秀传统文化，能够知晓哪些是精华、哪些是糟粕；另一方面，在中国具体实践中，需要进一步把马克思主义原理同中国具体实际相结合、同中华优秀传统文化相结合。其二，符合中国社会发展的现状。优秀传统文化发挥时代价值必须以符合时代性为前提，应与时俱进、科学发展，以反映中国社会、经济、政治等内容，与人民群众的精神需求相一致。其三，紧跟国际潮流。弘扬优秀传统文化不仅要在国内大力弘扬，更应走出国门。中华优秀传统文化充满智慧，对解决世界其他国家的发展问题也有帮助。更重要的是，这对增强民族自信心、国际话语权有重要帮助。

（二）弘扬中华优秀传统文化应当注重形式创新

在新时代，要对中华民族的优秀思想理念、民族精神、传统美德、民族文艺等不断进行形式创新，以大众喜爱的方式将其展现出来。许多中华优秀传统文化在过去以一种"高冷"状态存在，通过传播形式的创新会让大众可触、可感，使其变得有温度且更有意蕴。弘扬优秀传统文化要具有时代气息、生活气息，把跨越时空、具有当代价值的文化精神弘扬起来，传播开来。在实际生活中，可以借助多样化的文化形式来弘扬中华优秀传统文化。比如，利用电视网络媒体举办《成语大会》《中国诗词大会》《朗读者》这类综艺节目，其书卷气息扑面而来，可唤醒中华儿女内心饱含的文化基因，进一步引发群众的共鸣；《国家宝藏》栏目则让静止、沉睡的文物以及古典文籍中的文字活起来，观众能触摸到文物身上的温度，感知到文物背后的人文精神与自己的血脉相连。这种贴近人民生活的传播载体和形式，使人民群众能自觉接受优秀传统文化的熏陶，具有事半功倍的传播效果②。

---

① 刘奇葆．要秉持客观、科学、礼敬的态度传承和弘扬中华优秀传统文化［J］．党建，2014（2）：24.

② 李先明，成积春．中华优秀传统文化传承体系的构建：理论、实践与路径［J］．南京社会科学，2016（11）：140.

弘扬中华优秀传统文化还需符合中国社会发展的现状。需把握民众心理，创新表达方式，了解不同群体接受事物的不同方式。比如，在旅游行业，可赋予优秀传统文化新时代的内涵和表达形式。在景点可以把富含哲理、蕴含美德的民间故事，进行再编辑、再创作，让民众身临其境，真真切切地感受到传统文化就在人们的生活中。这不仅保护了文化遗产，而且符合人民大众的消费倾向，更促进了优秀传统文化的传播，使民众在愉悦的心情下了解喜爱上优秀传统文化。另外，弘扬优秀传统文化也要充分发挥人民大众的首创精神，让广大民众深入参与其中，积聚民意，汇集民智，在互动与交流中碰撞出璀璨夺目的智慧火花，使传播载体和形式不断推陈出新①。

（三）弘扬中华优秀传统文化应当进行内容提升

习近平总书记指出："中华优秀传统文化的丰富哲学思想、人文精神、教化思想、道德理念等，可以为人们认识和改造世界提供有益启迪，可以为治国理政提供有益启示，也可以为道德建设提供有益启发。"② 中华优秀传统文化不仅富含哲理，而且意象深远，针对新时代中的社会发展问题，不仅对中华传统文化的精华部分要继承发展，同时应当创造性地对优秀传统文化进行内容提升。许多的古诗词被赋予时代的气息，在民间口口相传，在日常生活中随口而出。弘扬优秀传统文化应以符合现代审美情趣、生动鲜活的方式，进行内容创新；用现代化的思维引领，让"老树发新芽"，焕发其内生张力，让公众感受到优秀传统文化的魅力。比如，引用顾炎武《与公肃甥书》中的"诚欲正朝廷以正百官，当以激浊扬清为第一要义"可劝谏党员干部弘扬正气；李商隐《咏史》中的"历览前贤国与家，成由勤俭败由奢"则可告诫人们须勤俭；作风问题则有"千丈之堤，以蝼蚁之穴溃；百尺之室，以突隙之烟焚"之语。用郑板桥的诗"衙斋卧听萧萧竹，疑是民间疾苦声"可表达为民疾苦而担忧的急切之情；"政之所兴在顺民心，政之所废在逆民心"明确了民心所望乃施政所向。"人生在勤，勤则不匮"劝勉青年努力奋斗；"志之所趋，无远弗届，穷山距海，不能限也"鼓励奋斗者勇敢拼搏，不畏困难；"芳林新叶催陈叶，流水前波让后波"则让奋斗者富有开拓进取之心。

四、弘扬中华优秀传统文化应该加强传承体系建设

弘扬优秀传统文化不是一朝一夕、一时兴起之事，而是持续常态性的一件利国利民、功在千秋的大事。建设弘扬优秀传统文化的传承体系需借助家庭、学校、社会的教育、宣传合力；需利用现代化信息技术；需建立一个长效有力的体制机制。

---

① 高珊珊．浅谈坚定文化自信助力博物馆创新发展［J］．汉字文化，2018（5）：115.

② 习近平．在纪念孔子诞辰 2565 周年国际学术研讨会暨国际儒学联合会第五届会员大会开幕会上的讲话［N］．人民日报，2014-09-25.

（一）借助家庭、学校、社会的合力弘扬中华优秀传统文化

弘扬传统文化应动员全社会的力量。在家庭方面，应注重每个家庭的家风建设。一个个从孩童时期到长大成人，家庭给予他什么样的教育，他就以什么样的行为准则为准绳，当优秀传统文化融合在家庭教育当中，让其不断受到熏陶与影响，那么他将有一个好的传统文化观念。家是社会的基本细胞，是人生的第一所学校。我们要重视家庭建设，注重家庭、注重家教、注重家风。家庭在实施优秀传统文化教育时，应注重多方面的养成与教导，这些不仅是精华所在，更是国家与社会精神文明建设之需。第一个方面是应注重礼仪。自古以来，儒家便有“礼”，我国作为礼仪之邦，应将“礼”进行传承与发展。第二个方面是自强不息。培养子女自立自强、坚忍不拔等新时代所必需的精神。第三个方面是孝道。“父母在，不远游”，便是最好的诠释。孝敬父母，给予父母更多关爱，是家庭教育的基本层面。第四个方面通过传统节日的熏陶，让子女对传统文化有更深的了解，知晓每个节日背后的故事，培养他们高尚的情操①。

学校教育在弘扬优秀传统文化中更不能缺失，我们要充分利用好学校弘扬优秀传统文化这一途径，让它充分发挥基础性作用。教育中要注重教学内容和传播形式的时代化转化。譬如，立足教材，用多媒体直观展示教学，用学生喜爱的方式展示多种教学方法，使学生爱上古文化；开展多种活动，如举办古诗词朗诵比赛，让同学们与经典同行、与圣贤为友，让书香满校园，使学生纳百川之流成大海，学千古之典显文才；增加社会实践，让学生去福利院、敬老院关爱社会弱势群体，感受“老吾老以及人之老，幼吾幼以及人之幼”。

在社会上注重宣传报道传统美德好人好事，以社区、村落为单位进行孝文化建设；支持与鼓励组织社会课题研究。以国家为主导在不同方面建立完善健全的弘扬优秀传统文化实施方案。例如，在教育方面，组织并学习相关的优秀传统文化。基于九年义务教育体制，编写相关教材，整理古籍进行宣传报道，让人们感受传统文化的魅力，并将其融入社会主义核心价值观建设中。同时，通过互联网等手段进行消息推送，让大众感受传统文化的熏陶，培养社会的良好风气。

（二）利用现代化信息技术弘扬中华优秀传统文化

在现代信息化技术快速发展的时代，用技术可以提升优秀传统文化的传播途径，实现其内容与形式的更好表达。同时，借助技术是优秀传统文化保持生命力的方法之一，也是其保持活力的重要手段。利用现代化信息技术弘扬优秀传统文化其实是“形式”与“内容”的关系。在这种方式下，优秀传统文化的精神内容不会发生改变，并且结合现代化技术可以让优秀传统文化与现代文明融合，焕发新的风采。在新时代，随着网络全面普及，全面进入5G时代，弘扬优秀传统文化离不开“数字网民”，应利用时下各种社交App，充

① 范玉刚．以制度构建中华优秀传统文化传承发展体系［J］．长春市委党校学报，2017（2）：25-26.

分发挥新媒体等网络平台传播功能，使大众感受优秀传统文化的熏陶，进而培养良好社会风气，进一步提升优秀传统文化的影响力。譬如，利用微信朋友圈的转发点赞、微博的热搜榜、抖音的话题讨论等，在与时俱进、吐故纳新中塑造更加符合现代化气息的优秀传统文化。如今网络平台在年轻人的世界中也不再是虚拟社会，利用好实物层面与信息技术这两种“显性”与“隐性”传播形式可更好地弘扬优秀传统文化①。还可以利用互联网优势平台，针对优秀传统文化的传播形式与创新发展，积极调动不同工作部门及不同组织相互合作，不断深化发展，如文化+互联网远程教育、3D直观教育、文化+电视网络媒体、AI智能机器人等。AI技术已广泛运用于金融业与服务业，在教育界也崭露头角，可以让AI智能机器人充当教师、家长的角色。利用好现今最炙手可热的技术可以不断为优秀传统文化提供更好的传播方式和增添光彩。因此，利用好当今社会的各种互联网新技术，可使传统优秀文化与新技术相融合，各种新技术文化产业与传统文化产业进一步有机整合，人们生活的方方面面都能感受到传统文化产业的创新性与技术感，进而使优秀传统文化在潜移默化中得到继承与发展②。

（三）完善机制体制弘扬优秀传统文化

优秀传统文化的弘扬必须基于完善的基础制度、实施方案及指导方针，应加快弘扬优秀传统文化的顶层制度设计。文化体制建设一方面使一批专有人才从事文化工作，让弘扬优秀传统文化更加专业化。比如，为历史文化的再现作出的努力。敦煌石壁的恢复可以为我们从服装、舞蹈、音乐、绘画、宗教信仰等各方面提供研究的历史依据，以此进一步了解唐代文化风俗。也正因为有文化部门的管理，有文化法律的保护，敦煌的壁画得到了保护，中华优秀传统文化得到了传承弘扬。另一方面，健全弘扬中华优秀传统文化的法律法规制度对优秀传统文化的传播有拨乱反正的作用。对社会的每一个个体来讲，自我权利与个人义务达到某种统一，不仅在于自我权利得到实现，同时也强调个人义务所扮演的重要角色对个体起着制约作用。比如，每个个体都有自由发表言论、评论时事的权利，但也应明确自己需要履行的义务，对优秀传统文化不仅应有敬仰之情，更应有保护的行动；不能发表言论恶意抨击或否定优秀传统文化，同时更不能破坏具有传统文化特色的文物与物质遗产，如有违反相应的法律法规，应当严肃处理，给予重罚③。

---

① 王月，王莹．优化中华优秀传统文化网络传播的对策研究［J］．新闻知识，2018（9）：3-5.

② 黄韫宏．利用科学技术建设优秀传统文化传承体系［J］．山东青年政治学院学报，2012（2）：1-4.

③ 吴新文．传承优秀传统文化，政府不应缺位［J］．人民论坛，2017（9）：131-133.

第三节　大学生中华优秀传统文化自信培养的分析

一、大学生中华优秀传统文化自信培养的现状

在培育新时代大学生对优秀传统文化自信心理的过程中，我们取得了一定的成就，高校建立起了系统的培育体系。但是，在此过程中学生个体与高校文化自信培育体系上依然暴露出一些深层次问题。

（一）培养新时代大学生中华优秀传统文化自信所取得的成就

在国家与高校自身的不断努力下，优秀传统文化在高校传播的环境得到有力的保障与长足的发展。绝大多数新时代大学生对优秀传统文化从情感上的认同感较高，同时高校纷纷开设相关课程，旨在将优秀传统文化融入学生的校园生活，并使优秀传统文化成为学生在求学期间所处校园生活学习环境中必不可少的一部分。

1. 中华优秀传统文化融入高校教育实践活动的积极意义得到认同

传统文化能融入高校教育实践活动并得到认同，其根本的原因是我国传统文化对人格的塑造与大学的治学追求有着本质上的相同。优秀传统文化中的道德追求经历历史的沉积，其所提倡的核心思想成为中华民族共同的道德追求，是中华民族立德树人的思想根源，也是教育新时代大学生个人素质良好发展的理论来源之一。大学教育实践活动的教学目标是培育切合新时代发展要求的人才，帮助新时代大学生建立良好的精神内在世界与树立高尚的个人理想。其中不仅包括对其知识专业能力方面的培养，对大学生思想层面的教育也是极其重要的。优秀传统文化中蕴含着极为丰富的思想政治教育资源，可以加深高校对大学生进行思想教化相关教学实践活动的文化底蕴与理论内涵，为高校各方面的教育实践活动提供更加具有深度的理论与文化支撑。同时，世界多元文化的侵袭加大了高校对大学生进行文化与思想教化工作的难度。因此，在高校教育实践活动中融入优秀本土文化理论知识有助于提升大学生群体对外来思想层面侵蚀的抵抗程度，提高其对于优秀传统文化的兴趣与认识。由此来讲，优秀传统文化融入高校教育实践活动的积极意义得到认同，同时也是多方对新时代大学生教育所达成的共识，更是新时代背景下的追切需要。

2. 高校形成完备的传统文化宣传体系

2017 年 1 月中共中央办公厅、国务院办公厅印发的《关于实施中华优秀传统文化传承发展工程的意见》中指出，要将优秀传统文化自始至终地贯穿于对我国人民的教育之中。基于党和国家对于传统文化事业的大力支持，全国高校相继展开了优秀传统文化校园宣传活动，其中主要以儒学文化作为宣传对象与教学理论来源。由于高校所对应的群体为大学生，所以各个高校的宣传与教育手段并没有局限在传统的课堂教育与宣传方式上，而是利

用微博、微信公众号等信息化媒体平台的便利性与广泛性，将传统手段与新兴科技相互结合，多维度、深层次地在高校中宣传优秀传统文化，在校园中为传统文化的传播与生长营造良好的宣传与学习氛围。同时，全国各高校也根据自身学校教学特色等，通过建造具有传统文化内涵和风格的校园建筑与创办传统文化相关研究组织等，以传统文化中的物质文化，让大学生可以切身感受到围绕在他们身边的传统物质文化，在潜移默化中感受传统文化的熏陶。例如，山东建筑大学打造雪山书院等传统文化风格的校园景观；一些高校也成立了一系列与优秀传统文化相关的校级社团，将这些具有鲜明优秀传统文化特色的宣传活动融入教学体系中，形成蕴含传统文化特点的校园环境。

3. 中华优秀传统文化课程融入高校教育体系

中华优秀传统文化是中华民族在不断的历史奋斗过程中积累下的最富有价值与体现中华文明特征的文化遗产，其价值不会被时间消磨。由于新时代大学生心理成长与稳定的关键时期是在高校中度过，因此高校的教育对于新时代大学生个人三观的正确树立具有关键的引导性与启发性作用。而高校引导培养大学生树立正确的三观主要依靠课堂教学等传统教学方式，因此将优秀传统文化融入高校课堂在对大学生精神方面的教化上发挥着至关重要的作用。在教育部的号召下，在全国范围内高校开始根据自身情况开设优秀传统文化教育相关课程。例如，将中国传统哲学、中国诗歌鉴赏、传统建筑鉴赏、儒家文化经典等可以从多方面反映传统文化特色的课程加入高校课程体系中。两者的融合能够比较系统地将中华民族文化的精华与大学课程相结合，加强对新时代大学生个人修养的培养。同时，不同地区的高校也在根据所在区域的传统文化特色开设相关课程。例如，曲阜师范大学早在20世纪90年代已经开设“论语”课程。其他高校也根据自身条件与地区特色开设了传统文化必修与选修课程，并依托学校自身所能达到的教学条件与学生对优秀传统文化的兴趣需求，相继设置了更加丰富的传统文化课程体系。在国家政策号召与大学生自身对优秀传统文化课程充满兴趣的前提下，高校主动索求与改善传统文化教育和时代融合的途径与方法，在完善课程体系的同时也为营建高校良好的传统文化氛围打下了坚实基础。

4. 新时代大学生对中华优秀传统文化具有较高的认同感

首先，新时代大学生大部分对传统文化以及中国传统历史表现出一定的兴趣。中华优秀传统文化的价值精髓正是在中华文化的历史中形成的，对于每一个中国人而言，学习和了解中华文化的历史就是开始了解优秀传统文化的价值与精髓。近年来，将目标受众定位为大学生群体的国风漫画与动画影视等优秀作品层出不穷，这些作品以大学生所喜爱的形式来表现优秀传统文化的精华与中国历史。在这些优秀传统文化影视作品的影响下，新时代大学生群体对于传统文化、服饰、生活方式及其发展历史的兴趣不断提升。对高校而言，借助大学生更加容易接受与感兴趣的方式宣传优秀传统文化，不仅能够拓展大学生群体对传统文化的兴趣与了解途径，而且能够间接提升大学生自身阅读文化名著和传统文化课程的学习能力。与此同时，以新方式进行相关宣传工作，也在提高其自身兴趣的同时调动了其参与相关活动积极性。新时代我国涌现出的大量传统文化影视作品，总体上进一步提升了新时代大学生对优秀传统文化浓厚的兴趣与更进一步认知的意愿，这也在一定程度上反映出新时代大学生具有更加强烈的文化自豪感和较高的认知兴趣。

其次，从民族情感层面讲，大学生群体对本民族传统文化总体上具有较高的情感认同。对新时代大学生群体来说，优秀传统文化具有精神文化与物质文化双层面的吸引力。随着我国历史发展的进程，传统文化的思想精髓与价值理念依然传承至今。大部分新时代大学生对其中所提倡的道德与价值理念表示认可。近年来，大学生对西方文化的认识更加理性，相对于西方文化与节日来说，中国自身流传下来的优秀传统文化遗产更加受到新时代大学生的喜爱。例如，当今的汉服热潮兴起的主要原因之一就是大学生群体对汉服文化的热捧，绝大部分高校社团成立了汉服社团。新时代大学生群体对优秀传统文化的认同已从单一精神教化层面的认同增加为对物质文化的复兴与热捧。新时代大学生开始通过行为层面与兴趣方面去对传统文化进行传承，这与之前仅有精神层面的认同所不同的。可见，新时代大学生对优秀传统文化的认同感较高，并较之前相比开始从精神层面的认同向付诸传承守护等实践行动转变。

（二）新时代大学生中华优秀传统文化自信培养存在的问题

虽然新时代大学生总体上对优秀传统文化持积极肯定的态度，高校响应国家的号召也对其发展给予积极的帮助，并努力营建出适合优秀传统文化发展的优良环境，积极践行相关形式的实践活动，但仍存在部分大学生对优秀传统文化认识不深、兴趣不高，优秀传统文化与高校思想政治理论课相结合的力度相对较弱等问题。

1. 中华优秀传统文化同高校思想政治教育结合力度较弱

从20世纪50年代初期我国构建了系统的大学课程教育体系，到新时代背景下高校教育体系的形成，我国高校教育体制在70多年的实践中不断地进行调整与改革，形成了具有适应我国国情的特色鲜明的高校教育管理模式。但是，这在帮助高校建立适应我国国情与社会竞争环境的教育体系的同时，也给高校教学实践活动带来一定的负面影响。虽然我国高校教育模式经过70多年的探索形成了比较完备的体系，但一直以来高校注重对学生相关专业知识的培养而相对忽略对精神世界层面的培养。受我国各领域飞速发展需要大量专业人才的情况影响，高校更加倾向于对大学生进行专业技术培养，而相对忽视了对大学生思想层面的培育。随着国家提出文化自信等相关政策倡导，高校对传统文化的复兴意识不断加深。在国家的大力提倡下，高校开始探索加强传统文化与大学课程教育体系的融合。高校倾向专业知识教育而淡薄思想教育的现象得到一定改善，但尚未达到平衡。

高校对大学生进行精神层面教化的主要课程就是思想政治课，而优秀传统文化中蕴藏的德育资源等对于相关科目的创新发展具有重要作用。鉴于国家的号召与高校对教育体系的不断调整，我国高校开始着手探索如何将优秀传统文化所蕴含的德育资源等利于大学生身心发展的文化精髓与高校的课程相结合。但由于没有一套专门以优秀传统文化为依托的教材，思想政治理论课教师很少能够将传统文化知识同学科教材相结合，优秀传统文化与高校思想教化类学科直接的理论联系没能够体现，没有与之形成有力的联合。同时，学生之间的专业差异性也导致其对相关知识的接受速度与程度产生差异。一些涉及传统文化知识的文史类学科，相较于理工科的学生对传统文化知识能够更好地理解与学习。这样就削弱了传统文化在思想教化层面的泛用性功能。总的来说，虽然高校对传统文化、教育体系及课程的融合方面作出了很大的努力，但是由于学生条件的差异以及现有课程考核体制等因素，不能真正使优秀传统文化与高校课程及教育体系做到密切紧致的结合。

2. 思想政治教育队伍的中华优秀传统文化素养有待加强

在当今全球化日益加深的时代背景下，我国同世界的交流日趋紧密，各国之间愈加频繁的文化交流不仅为我国高校发展新时代的教育体系提供更好的交流机会与空间，也相对增大了高校对大学生进行文化自信相关培育工作的难度。在世界各国合作不断加深的今天，维护高校在意识形态工作中的主体性以及警惕外来文化对高校的冲击依然是需要高校教育体系重视的。在此背景下要想达到高校意识形态工作应有的效果，将优秀传统文化与其深度融合是时代的必然趋势，高校教师作为施行高校教学理念等的活动主体，其运用优秀传统文化的能力是实现两者结合最有力的保障。

教师自身的传统文化知识储备是将其与思想政治教育深度融合的基础条件之一，所以必须强化高校思想政治教育队伍的优秀传统文化相关知识水平。但目前我国高校大部分教师受限于自身专业等情况，对于传统文化的了解停留在比较浅显的位置，精通传统文化教学知识并可以在课堂上运用的教师人数较少，难以达到高校的要求，教师队伍的相关专业素养亟须加强。相对来讲，思想政治专业教师及相关人文专业的教师较理工科教师具备更加深厚的传统文化专业知识。其主要原因在于所从事专业存在差距性以及学科与传统文化有无更多交集。这也导致人文类学科学生对于传统文化的知识储备要高于理工科专业的学生。而传统文化融入高校的最主要形式是课堂教学，所以这种知识基础上的差距也造成学生对于相关知识的接受程度以及理解能力上的差别，长此以往很可能影响到学生自身对优秀传统文化的兴趣，并影响高校相关工作的开展。

综上所述，对培养新时代大学生的优秀传统文化自信而言，高校思想政治教育队伍自身的优秀传统文化素养是影响最终效果的直接因素，这对于提高大学生对优秀传统文化的理性认识与相关教育工作的实效性以及高校后续工作的效果具有极为重要的影响。

3. 中华优秀传统文化融入高校思想政治教育的内容不足

中华优秀传统文化反映了中华民族历史发展进程中所积累的思想观念与物质文化等方面的精华，每个中国人的处世方式、思想意识等方面都无形地被传统文化渗透。正因中华优秀传统文化从骨子里对中国人产生了潜移默化的影响，将优秀传统文化与思想政治理论课相结合，是增强新时代大学生对中华优秀传统文化认同与自信心理的重要途径。然而根据实际情况来看，将优秀传统文化中蕴含的思想教化理论资源同思想政治理论课教学理论相互融合的效果还相去甚远，大部分高校对于相关传统文化理论在教学层面的挖掘相对较浅显，没有能够提炼出优秀传统文化所蕴含的深层次时代教育价值；同时，通过思想政治理论课对学生进行道德观、价值观教育所运用的传统文化知识理论也比较单一。部分高校在对大学生进行思想政治教育时并没有充分地将优秀传统文化相关知识理论内容加以运用，以此达到教学目的与效果，大部分仅仅是通过选择一些简单的教学理论、文化素材与典故进行讲解，这种浅层的理论引导很难让大学生仅通过课堂学习就对优秀传统文化萌发更深刻的了解与认识。

优秀传统文化中有利于教导新时代大学生树立正确三观的精神教育理论比比皆是，这些都是大学思想政治理论课可直接运用的理论资源。高校应充分挖掘优秀传统文化同思想政治理论课等思想教化课程教学理论的融合点，以此来加深高校思想教化教育理论的优秀传统文化内涵与底蕴。

4. 大学生对中华优秀传统文化的认知程度不深

经过之前几十年的探索与当今科技的发展，新时代高校打破了原本的学生一方被动获取知识的格局，大学生可以自如地转换自身在学习过程中的主客体位置。因此，大学生自身对优秀传统文化的认知情况与态度也影响着对优秀传统文化认同与自信心理的培养效果。由于当前全国绝大多数高校无论是选修课还是必修课都设立了传统文化的相关课程，同时在对大学生进行思想政治教育的过程中开始尝试运用传统文化中关于德育层面与人格塑造的理论及内容进行讲解，相对于之前的单一宣传教育手段，大学生对传统文化的认知确实起到了之前的教育模式所无法达到的效果。但是由于专业的需求性与追求短期效果的情况，许多大学生对传统文化的认识仅仅停留在德育方面，整体认识上较片面与肤浅。

导致大学生对传统文化认知不足的现象与时代大环境和社会大环境有一定的关系。首先，随着社会的发展与我国对教育事业投入力度的不断加大，人人都在追求更高层次的学历，大学生面临的升学与就业压力超过了之前任何一个时期。这样的社会现实促使大学生选择高学历深造的道路或者自身具备热门的专业技术能力，以便在激烈的社会竞争中脱颖而出。大部分大学生在踏入大学校园之前就将这两条道路作为自己的奋斗目标。虽然此类观念符合现在的社会实际，并能够最大限度地促使自身达成想要的结果与目的，但也正因为这种现状造成大学生没有闲暇时间去了解自身专业以外的传统文化知识。由于优秀传统文化在短期内无法对大学生的自身目标起到明显的推动作用，并且传统文化的培养与熏陶需要潜心感受与长时间的自我感悟，而非一朝一夕可实现，因此在当今快节奏的生活学习过程中，大学生很少有兴趣与精力去细细品味传统文化的精髓与妙处。其次，在课余生活中各种各样的电子产品的出现不断挤压传统的阅读等方式。对于大学生而言，他们更加倾向于通过影视剧、综艺节目、电子游戏等放松方式给自身带来乐趣。虽然大量的古装剧受到大学生的热烈追捧，校园里也掀起了汉服热潮，但热潮中涌动的传统文化大多仅仅停留在表面，对帮助大学生真正认识优秀传统文化的精髓与价值成效甚微。

二、大学生中华优秀传统文化自信缺失的原因

部分大学生对优秀传统文化自信缺失的主要表现如下：对优秀传统文化认识浅薄以及自我主动学习积极性不足，主要原因是近代传统文化传承的断裂与时代发展大环境下的功利倾向导致部分大学生缺乏对自身民族文化的认识；同时，外来文化的冲击也致使高校对大学生文化自信心理的培育构建受到一定的阻碍。

（一）应试体制与环境功利倾向的双重约束

虽然我国高校在不断地探索与调整之下对现行教育体制进行了一定的改革以符合社会的发展，但总体上仍没有太大的变化。这种教育体制是适应当下我国国情发展的，也是教育制度自身发展所取得的成果。虽然我国高校教育体制在发展过程中为国家培育出大量的专业人才，但是也会相应地受到社会现实的影响并出现一系列问题。在这种情况下，学生、家长、学校、社会都会更容易形成选择能带来明显短期回报的教学科目与方式的功利倾向。进入新时代后，高校中虽然在专业选择上仍存在此类现象，但整体上有一定的缓解，新时代高校的培养策略重心已经从简单的知识灌输转变为注重能力的培养，知识传授方式也有所转变，不再使学生只是被动地接受相关专业知识理论的灌输。但是由于具体环境没有彻底地改变，这种偏功利性的学习选择在短时间依然没办法彻底扭转。

优秀传统文化对人的行为与思想产生影响是一个漫长的精神教化过程，因此对大学生进行优秀传统文化知识培养是一个需要长期坚持的过程。在我国的这种教育体制下，优秀传统文化教育很难与那些短期见效明显的学科争取时间资源，大部分学生是通过自身兴趣、利用课余时间了解优秀传统文化。在高校，除传统文化专业的学生外，其他专业的学生学习传统文化的途径大部分是通过选修课与思想政治教育课获得，而在功利性应试体制中，对于选修与附属课程，学生大多是出于兴趣与完成任务的心理。这就导致学生没有明确自身真正需要的是通过课堂获得传统文化知识，造成了部分大学生选修该课程只是追求学分，而在课程结束后也没有真正地消化任何传统文化知识，致使教学课程没有取得其应该具有的效果。

同时，随着我国科学技术与社会的高速发展，许多领域都需要大量的相应专业人才，在这种情况下高校的招生规模也随着相关新兴产业等的出现而扩大。在这种国家建设与社会快速发展的环境下，虽然高校积极推进文化自信建设，积极对传统文化相关知识展开教学，但是对相关方面的学科教育特别是传统文化教育的受重视程度始终无法与主要专业相

等。这样的环境下促成的教育方向也导致大学生更多地考虑怎样才能够让自己快速具备相应的社会竞争力，而忽略了对精神世界的建设。这样培养出的人才，虽具备相应的技术知识与能力，可以满足我国社会发展的需求，但却与“全面发展”的要求相悖。正如爱因斯坦所言：“我们切莫忘记，仅凭知识和技能并不能给人类的生活带来幸福和尊严。”[①] 如果一个人只是一味地培养自身的技术专业知识与能力，忽略甚至放弃自身精神世界的富足，那么他所承担的角色很可能就只是一台机器或者工具，没办法体现人的自由全面发展。

（二）市场经济和网络时代的双重影响

市场经济所带来的消费主义、拜金主义、过于现实主义等思想会对我国文化事业尤其是传统文化所提倡的价值观产生冲击，导致市场经济的发展在一定程度上挤压传统文化思想建设的发展。“从国内看，整个社会的传统文化价值观趋于弱势，难以主导人们的主流价值观；从国际上看，相比西方讲究斗争的意识形态思想，传统文化也没有能够向世界展现其应有的价值性影响力。从总体上看，中华优秀传统文化软实力突出优势暂未得到充分发挥，文化软实力与我国不断增强的综合国力和国际地位不相匹配。”[②]

同时，新时代也是网络异常发达的一个时代，网络所带来的传播便利化使大学生受到多方思潮影响的机会大大增加，在一定程度上增大了培育大学生对本土文化自信的难度。文化传播的网络便利化发展对大学生群体现有的价值体系与道德观念产生一定的冲击。例如，在网络虚拟空间内，许多我们在现实社会达成共识的道德准则形同虚设。因为虚拟世界中真实身份具有隐藏性，不受现实约束的情境可以促使大学生作出在现实社会中绝对违背道德准则的行为。网络媒体的出现冲破了常规性的文化交流与传播模式，使各式各样的文化与思潮都可以轻易通过网络进行传播，其中不乏一些文化糟粕甚至还有危害大学生自身安全与国家安全的不良思想。而这些不良思潮利用网络传播的便利性，对新时代大学生正确三观的形成产生了极大的影响，甚至会造成部分大学生对于主流意识形态与文化的排斥，同时使优秀传统文化对大学生的认同感与归属感功能不断地被边缘化。

（三）近代传统文化传承的文化断裂

优秀传统文化的传播在中国近现代历史中出现过断层，在这些阶段中优秀传统文化的价值受到质疑，同时也受到我们自身的排斥。从鸦片战争开始，西方列强用船坚炮利打开封闭的中国大门，开启了中国悲惨的近代历史。中华文明承受了从未受到过的巨大打击。这时人们开始将中国远远落后于西方世界的原因归结于文化层面的落后所导致的全方位落后，认为文化的根源性落后才导致当时的中国全方位地落后于世界，对之前一直引以为豪、历史悠久的传统文化开始产生怀疑。之后，从这种怀疑情绪演变出对我们自身文化开

① 海伦·杜卡斯，巴希纳·霍夫曼．爱因斯坦谈人生［M］．上海：复旦大学出版社，2013：40.

② 郝书翠．论中华优秀传统文化软实力优势发挥［J］．湖北大学学报，2016（4）：130-136.

始丧失自信并打上愚昧、落后的标签与烙印。胡适曾说："我们必须承认我们百事不如人，不但物质机械上不如人，不但政治制度不如人，并且道德不如人，知识不如人，文学不如人，音乐不如人，艺术不如人，身体不如人。"[①] 在这种情况下，旧中国的一切都成为当时人们眼中中国社会自我革新与拯救的重大阻碍。在这一时间段内，普通大众对自身的民族文化产生了排斥情绪并且传统文化的传播与继承环境遭到了毁坏，严重影响到在这一时期的文化发展。随着中华人民共和国的成立，我国确立了马克思主义意识形态的指导地位，对传统文化的继承与发展才得以在波折中前进。

（四）外来文化对传统文化的冲击

在当今全球化迅速发展的世界环境中，各国之间文化领域的相互影响是不可避免的。在世界发展历程中，文化交流互动所具有的开放性使各种文化之间的交流广泛存在并同时相互影响。外来强势文化在国内的传播与流行在一定层面上改变了中国人的行为意识，同时也相对影响了我国文化事业与文化市场的发展。比如，传统节日被西方节日带来的新鲜感冲击，西方商业电影挤压本土影视作品的生存空间。尤其是对于青年群体，在很长一段时间中这种现象是非常普遍的。虽然近些年我国文化产业与本土电影产业找回了一定的市场份额，能够与外来文化的传播进行对抗。但是，中华传统文化的受众群体的数量还是不容乐观。比如，青年中喜欢听外国交响乐音乐会的人数依然远远高于喜欢京剧等传统艺术的人数。这样的文化冲击形势造成很多青年盲目"崇洋"，认为国外文化是世界流行的，是经过多数人检验的。在这种思想的影响下，本就比较困难的传统文化的生存情况就变得更加严峻。同时，随着网络社交与新媒体的发展，外来文化在国内的传播变得更加方便与快速。鉴于大学生的个人心理还不够成熟与健全，对于不良文化的防范意识和鉴别能力较差，极其容易被一些不良的文化与思想侵蚀，这对我国高校培养大学生群体对本民族文化的自信造成极大的阻碍。

（五）多元文化鉴别能力弱

大学生在进入高校之前的学习内容是以升学为主，学习的内容也是适应高考需要，他们几乎不会浪费时间去学习高考教材以外的内容。中学的升学压力在高校得到释放，由过去的过度紧张到现在的过分宽松，导致大学生不想持续努力，对新鲜事物的好奇大于对学习的渴望。而大学生未来的就业压力让他们更多地关注对专业知识的学习，也导致他们的学习兴趣比较单一，对人文知识以及国学知识的学习被忽视，除非人文知识与国学知识对其就业有帮助，才会有选择性地进行"考试性质的学习"。

大学生是文化自信的主体，承担着继承和弘扬优秀传统文化、革命文化、社会主义先进文化的社会担当与历史重任。但是当代大学生对文化认识不科学，主要表现在过分肯定

---

① 胡适．胡适文选［M］．北京：中国长安出版社，2014：9.

西方文化、对优秀传统文化自信的理解有偏差、对多元文化鉴别能力弱等主观原因，导致当前大学生对优秀传统文化自信上的不足。近代西方国家科技的迅猛发展，造就西方社会目前处于比较强势的地位，导致部分大学生就认为“西方的全是好的”的误判。

对优秀传统文化理解上的偏差，体现在部分大学生对优秀传统文化的理解趋于简单，对其缺乏深刻解读。他们没有认清自己身上传承下来的中华文化元素，不知其来处就很难处理好去处，想不明白这个问题就很难把握做人的分寸。知识可以赋予学习主体对概念的了解，以及学习知识的现实功用。文化使人获得事物运行的规律与解决问题的方法，这就是“术”和“道”的本质区别。学习中华优秀传统文化，实质是坚持走中国道路。而坚持用自己国家的民族文化进行现代性的转换，才可为解决现代问题提供优秀文化价值元素。

对多元文化鉴别能力弱，反映出部分大学生对中华优秀传统文化知识的掌握片面化，他们没有领略到优秀传统文化的精髓，就开始胡乱评判，自以为很有发言权，其实不然。贸然武断地说出传统文化过时了的妄语，一味崇尚外来文化的姿态，其实是对外来文化同样一知半解。部分大学生重视对知识的积累，却缺乏对方法及规律的归纳与总结，反映到对中华优秀传统文化的态度上，往往仅是定位在“传统”而非“优秀”上。定位的错位致使本末倒置，没有审准中华优秀传统文化的核心价值理念，导致对文化自信提出的时代课题充满模糊性以及不确定性，从而缺乏应对多元文化价值观冲击的信心。

第四节　培养新时代大学生文化自信的对策

根据对大学生文化自信的现状、问题及原因的分析，我们对大学生文化自信的基本情况有了一定的了解。如何全面增强大学生的文化自信，是一个错综复杂的问题，需要多措并举。

一、坚持以社会主义核心价值观为引领，增强大学生文化自信

社会主义核心价值观主要凝结为富强、民主、文明、和谐、自由、平等、公正、法治、爱国、敬业、诚信、友善 24 个字，这 24 个字是国家层面、社会层面、个人层面应该遵循的根本准则，新时代大学生要从自身做起，坚持社会主义核心价值观的引领作用，弘扬社会正能量。一是热爱祖国。祖国是民族生存的家园，热爱祖国是学习、工作、生产、生活的基础，只有本着热爱祖国的初心，所有的努力才会朝着正确的方向前进。意识对行动具有指导作用，如果内心始终不热爱自己的国家，那么一切活动就会和国家、社会的发展背道而驰，从而偏离人生轨迹。大学生要树立国家意识，做一个对国家建设发展有贡献的人，在为国家奉献的过程中实现个人价值和社会价值的有机统一。二是爱岗敬业。坚守岗位，做好自己的本职工作，是每个人应该尽到的义务，应立足岗位作贡献，不求社会能

给我们什么，而是想着我能为社会创造多大的价值。三是诚信为本。诚信是做人的根本原则，人无信，不可交，只有诚信为本，才能够在学习、工作中赢得良好的社会声誉，才能为自己的长远发展奠定良好的基础，才能为社会发展贡献更大的力量。四是与人为善。新时代大学生要坚持“不以善小而不为，不以恶小而为之”的态度，切实从身边的小事做起，坚持文明的处世方式，友善待人，杜绝用粗暴的方式解决问题，努力践行社会主义核心价值观，全面增强文化自信。

二、坚持中华民族优秀文化的兼收并蓄，不断提升大学生文化认同

我国优秀文化主要包含了中华优秀传统文化、革命文化和社会主义先进文化三方面内容，在社会主义现代化建设中，必须弘扬爱国主义主旋律，全面增强新时代大学生对优秀文化的认同。

（一）加强新时代中国特色社会主义文化教育

大学生要进一步增强时代观念，深刻领会和学习社会主义先进文化发展的历史脉络，用正确的价值观念去认识和评价社会主义先进文化，尤其是要明确新时代中国特色社会主义文化事业的发展方向，从而全面提升大学生的文化自觉与自信。一是坚持以马克思列宁主义为指引。二是大学生要牢固树立“四个意识”，坚定“四个自信”，坚决做到“两个维护”，担负起新时代中国特色社会主义建设任务和实现中华民族伟大复兴的历史重任，全面增强文化自信，积极投身于建设富强民主文明和谐美丽的社会主义现代化强国的浪潮中。三是优化文化传播环境。在信息化时代，网络媒体成为目前文化传播的最主要载体之一，网络环境错综复杂，短视频、公众号、微博等媒体都成了最受年轻人欢迎的文化传播方式。一方面，各媒体的运营单位要坚持用正能量鼓舞大众，净化网络环境和社会风气，提升对网络技术人才的培养，加强重点领域网络监管，避免黑客入侵。同时，要加大对短视频、文章、公众号的内容审核，避免反动、暴力等不利于心理健康的内容在网络上进行传播。另一方面，大学生要提高辨别能力，坚决抵制腐败思想的腐蚀，提升学习能力与水平，积极传播社会正能量，做一位有责任感和使命感的社会主义建设者。

（二）加强革命文化教育

革命文化是党领导人民在革命、建设、改革的历史进程中创造的，是在革命、建设、改革实践中积淀和孕育形成的所有物质文化和精神文化的总和。大学生要具有担当精神，自觉接受革命文化教育，深刻挖掘革命文化精神内涵，以自强不息、艰苦奋斗的精神鼓舞斗志、武装头脑，并将革命文化精神落实到具体的实践中。同时，大学生要积极主动地探索和挖掘历史课题，坚定政治自信和文化自信，做革命先辈历史重任的继承者。

（三）加强中华优秀传统文化教育

中华优秀传统文化是我国文化事业繁荣发展的历史土壤，是民族精神的力量和血液，

对人们的社会行为有着潜移默化、深远持久的影响，加强大学生传统文化教育，主要要从加强大学生传统文化自觉的培养、提升大学生传统文化审美趣味两个方面着手。

1. 加强大学生传统文化自觉的培养

高校承担着培养大学生传统文化自觉的直接责任，在课程设置、教学安排、教学形式等方面都必须以遵循大学生的心理发展特点为原则，全方位、多层次地深入挖掘传统文化资源，多途径传播优秀传统文化的魅力。

第一，以优秀传统文化思想促进新时代大学生的思维形成与发展。优秀传统文化思想的集大成者便是儒家文化思想，而儒家文化思想则主要体现在“四书”“五经”上，其重要的思想集中体现为“仁、义、礼、智、信、恕、忠、孝、悌、勇”，这不仅是我国传统文化思想的重要结晶，更是当代大学生安身立命的重要遵循。“仁”指的是人与人之间亲善和睦的相处关系，一个人只有做到“恭、宽、信、敏、惠”才能做到“仁”，足以见得实现“仁”是儒家学说中最高的行为准则。君主能够用宽厚的胸怀包容和爱护普通民众，所有人都可以怀有仁人之心待人，是一种自我内心世界的升华，也是自我价值观的集中体现。“义”指的是自我为了公平正义而作出的努力，在现代社会中指的是公平正义，也指一种追求内心公平正义的理想信念。“礼”是一种区分高低贵贱的行为规范，我国素有礼仪之邦之称。在朝为官、在家侍奉都要讲究“礼”，要求人们时刻注重自己的言谈举止，不逾矩。“智”，心之府也，指的是对于世间万事万物变化的准确把握。儒家思想中的“智”是儒家理想人格的重要品质之一，孔子把“智”与“仁”、“勇”两个道德规范并举，定位为君子之道，即所谓“知（智）者不惑”。“信”指的是与朋友交往时要讲诚信，不欺瞒。人而无信，不知其可也。“信”是做人做事最基本的一条法则。推己及物则为“恕”，也就是随了自己心意的意思。孔子的“己所不欲，勿施于人”，即不要把自己的意愿随意强加到别人身上，指的是在人际交往过程中，要把别人的意愿作为自己言行的出发点，做到推己及人。“忠”，德之正也。在古代，“忠”是为君主效力的最尊贵也是最起码的品质；在现代社会，尽忠职守、坚守岗位作贡献则是“忠”的最直接体现。对父母尽心侍奉且遵从父母则为“孝”，对其他长辈尊重礼让，与兄弟和睦相处则为“悌”。孔子认为“孝悌”是一个人成大事、做学问的根本，一个人若和自己的父母兄弟都无法融洽相处，其他的更无从谈起。“勇”指的是一种能驱使自己行动的一种“气”。儒家所倡导的“勇”是指在“仁”“义”“礼”的范围内的一种果敢、坚毅的个人品质。在大学生价值观教育上，要加强大学生对传统文化思想的认同，从内心深处增强文化的自信心。

第二，以传统文化习俗和礼仪为载体，进一步规范大学生的行为习惯。为了进一步加强中华优秀传统文化传承，国务院印发专门文件，对如何传承中华优秀传统文化进行了明确，并转发了《中国传统工艺振兴计划的通知》，对中华传统文化的核心思想理念、传统美德、人文精神传承的措施手段和具体方式进行梳理，对我国传统工艺的振兴作了具体安排，为中华传统文化的传承发展提供了制度保障。传统文化习俗和礼仪是中华传统文化的载体和具体表现形式，承担着传播文化的具体功能。随着历史演进和社会变迁，我国很多文化习俗和礼仪都被湮没在历史的进程中，加强对民俗文化和礼仪知识教育，是丰富中华传统文化传承发展形式，也是促进文化多样性的重要途径。一是加强大学生对传统文化习俗、民俗工艺的认识。传统节日是传统文化习俗的重要承载方式，传统文化习俗主要依靠传统文化节日来呈现。在有些年轻人争先恐后地为西方圣诞节、情人节狂欢时，中国的寒食节、重阳节的气氛就相对冷清不少。越来越多的洋节涌入我国，对我国民众的心理产生极大的刺激，同时也拨弄着我国消费市场的平衡和稳定。传统节日是中华民族悠久历史的积淀和瑰宝，了解并尊重我们的传统节日，便是对民族历史和文化的传承，更是对民族灵魂的追溯。我国传统文化节日承载着我国几千年来的文明，是一种文化的延续，是先辈们跨越时空和我们沟通交流的一种方式。要从内心深处提升大学生对于传统节日的认同感，为传统文化习俗的传承发扬奠定稳固的基础。中国的传统文化遗产与非物质文化遗产不计其数，要帮助大学生进一步树立文化自信，促进传统文化与现代文明深度融合。二是在注重大学生理论知识培养的同时，加强传统工艺的传承。学校要根据本地区经济文化发展的实际，与时俱进地开展一些民间工艺的相关课程，加强工匠精神培养，传承民间技术，让优秀的传统工艺有新的继承者，促使我国优秀的技术工艺经久不衰；多组织学生参观匠心独运的民间工艺，用民间匠人锲而不舍、追求卓著的高贵品质激励人心。学校要鼓励大学生赴各地参加各类学术研讨交流，利用学术研讨机会，多向外界宣传本土的手工艺产品，提高我国传统工艺的知名度。大学生要树立正确的消费观念，利用周边有利的环境，协助打通中华传统文化产品的销售渠道。例如，利用当下流行的抖音、快手等短视频，宣传和推销本地区的传统文化产品，扩大手工艺产品的销售范围。三是利用传统礼仪引导大学生行为。对于我国的传统文化礼仪，我们要以辩证的眼光去看待，有一些礼仪是束缚人性的封建伦理，但有的礼仪却是我国礼仪之邦最直接的体现。大学生的礼仪培养主要应该从以下几个方面着手。首先，从生活礼仪出发进行学习，包括见面礼仪、宴会礼仪、会客礼仪、家居礼仪、馈赠礼仪及探病礼仪等，这些都是一个人文化修养内化于心、外化于行的最直接的表现形式。例如，古人提倡“食不言，寝不语”“行不中道，立不中门”，等等。其次，从节俗节庆礼仪上出发进行学习。大学生已经算是成年人了，应该主动承担一切力所能及的社会责任，而在社会交往中，就免不了礼仪的规范。例如，遇到春节、清明、端午、重阳、中秋等节日，以及结婚、殡葬和祝寿时，就少不了一些礼仪，在这些重要场合缺乏礼数，就是一种缺乏教养、无礼的表现。大学生在校期间，要注重培养自己的礼仪规范，让自己成为一个知礼的人。最后，从商务礼仪出发进行学习。大学生在毕业来临之际，面临求职、入职等各类事项，因此在校期间必须加强会议、公关、谈判、迎送等礼仪的学习，以确保能够更快地适应社会生活，以更加自信的态度参加各类活动。

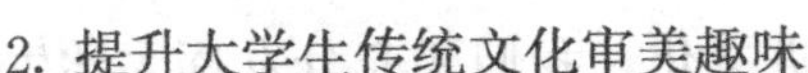

2. 提升大学生传统文化审美趣味

学术界一直有一种说法，艺术分为“阳春白雪”类的高雅艺术和“下里巴人”类的通俗艺术，而中华传统文化的绝大多数就属于前者，大学生缺乏传统文化自信的一个重要原因是传统艺术的审美需求较高。就拿文学鉴赏来说，除非系统性地接触过中国文学史、文学理论、文学批评，否则很难从专业的角度评析一部文学作品。再比如，京剧现在逐渐趋于边缘化，究其原因主要是京剧本身对唱腔和选角等戏曲必要元素的要求较高，出现了曲高和寡的现象。高校应该进一步优化课程设置，结合当地的办学方针和办学特色，多开设一些类似文学鉴赏、京剧、曲艺、绘画、雕刻、书法等传统艺术方面的选修课，丰富大学生的学业生活，同时也能提高大学生整体的文化底蕴和审美趣味，让“阳春白雪”也能走进大学生的课堂和日常生活。新时代大学生也要养成追求卓越的品质，主动学习，提升审美趣味。

（四）科学认识中华优秀传统文化、革命文化和社会主义先进文化之间的关系

中华民族的文化博大精深，一脉相承又改革创新，中华优秀传统文化与革命文化、社会主义先进文化之间有着密切的联系。在对三者的学习把握中，一定要坚持联系、发展的观点，系统全面地掌握三者发展的内在规律。

1. 中华优秀传统文化是革命文化和社会主义先进文化的根基和土壤

中华民族悠久的历史文化积淀，是中华儿女代代相传的基因。在培养大学生文化自信的过程中，必须加强思想政治教育，让大学生养成独立思考的能力，科学认识中华优秀传统文化、革命文化与社会主义先进文化之间的关系。中华优秀传统文化思想中坚忍不拔的毅力，头悬梁、锥刺股与闻鸡起舞的勤劳，以及爱国的情怀等都为革命文化思想打下了基础。

2. 革命文化是中华优秀传统文化思想的继承和发展

革命文化不仅是中华优秀传统文化思想的继承和发展，更是社会主义先进文化的发展基础。革命文化是中国革命、建设、改革时期形成的文化结晶，它在中华优秀传统文化和社会主义先进文化中承担着承前启后的作用，它所体现出来的时代意义和价值观念，对于政治生活和社会发展具有空前绝后的影响力。学校在开展思想政治教育时，要注重培养学生宏观把握事物的能力和态度，纵向把握中华优秀传统文化、革命文化与社会主义先进文化之间的关系。

3. 社会主义先进文化是中华优秀传统文化和革命文化现代意义的生动体现

中华优秀传统文化在发展的过程中能继承传统，革故鼎新，在与社会发展进程相结合的过程中，被赋予了新的含义，社会主义核心价值观的直接理论来源便是中华传统文化思想中的优秀成分。中华优秀传统文化与革命文化经过时代的变迁，结合当前社会发展的现状，被赋予新的意义，其生动体现便是社会主义先进文化。我们要充分发挥大学生的优势，科学认识中华优秀传统文化、革命文化与社会主义先进文化的内涵，以更高的责任感和使命感，提高自身素质，为国家富强、民族振兴而不懈努力，为实现中华民族的伟大复兴贡献自己的力量。

三、坚持全面提升文化创新能力，提高大学生文化自觉意识

（一）坚定理想，提升文化自觉意识

自改革开放以来，国际社会关系复杂交织，中国把握住了改革开放的关键时期，进入新时代，实现中华民族伟大复兴的中国梦近在眼前，但与此同时，我国也正经历前所未有的外部环境的考验。新时代大学生要提高政治敏锐性，以政治安全为依托，全面树立文化安全观，坚持正确的政治立场，树立坚定的理想信念，补足精神之钙，与复杂多变的经济环境、政治环境和文化环境作斗争，为维护国家安全贡献力量。

（二）用科学的态度看待传统文化与外来文化，提升新时代大学生文化自主创新能力

文化传承发展从来都不是在孤立静止的环境下形成的，只有在不断地兼收并蓄中才能获得新的生机。大学生要提高文化创新能力，用辩证的眼光看待外来文化，认识到民族的就是世界的，应确保中华文化走向世界。一是对于传统文化要推陈出新，革故鼎新，处理好批判继承和创新发展之间的关系。避免绝对的文化自负，不能认为只要是中国的就都是好的，要用全局意识看待中华传统文化的发展，取其精华、去其糟粕，深刻挖掘传统文化的精髓。对于优秀的文化，我们要坚持发扬光大，对于传统文化中的陋习和一些不符合社会价值观念的东西，我们要予以批判拒绝。二是对于外来文化要坚持以我为主，为我所用。要用辩证的思维对待外来文化，博采众长，提高鉴别能力，将外来的一些先进的文化理念融入日常的学习思考中。要主动学习，促使外来文化与中华传统文化实现超越时间、超越空间的交流碰撞。三是大学生要进一步提高文化创新能力，主动承担文化宣传的责任，在校期间认真学好功课，提高知识储备。同时，用科学的思维武装头脑，在论文选题、研讨论证的时候侧重于传统文化的魅力，做传播优秀传统文化的使者，用积极的热情投身于实现中华民族伟大复兴的实践。

四、形成中华优秀传统文化融入高校学习生活的多元格局

大学生群体进行自我深造的环境同时也是其生活环境，因此，通过使优秀传统文化融入大学生的课余学习生活，为大学生营造一个氛围良好的优秀传统文化学习与生活实践的多元格局，可以为培养大学生文化自信提供有力的环境保障。

（一）营造中华优秀传统文化氛围，建设良好育人环境

高校校园是新时代大学生成长的重要环境，也是优秀传统文化发展的重要环境。高校良好的校园文化及氛围，是培养大学生优秀传统文化自信的重要环境。校园文化指在高校育人过程中所形成的育人理念与治学过程中所形成的文化氛围，是高校师生几代人共同传承打造的一个高校所特有的整体文化氛围。校园文化是除课堂之外能够让学生感受到浸润在文化知识环境中的手段之一。因此，将优秀传统文化与校园文化相结合可以作为培养大学生文化自信的重要手段之一，具体可以从形式上通过校园精神文化与物质文化来体现。营造良好的校园优秀传统文化氛围可以从以下两个方面开展。

第一，创建良好的校园精神文化。校园精神文化是可以随时发挥高校文化氛围思想教化作用的隐性教育方式。传统文化对大学生的思想教化是一个潜移默化的长期过程，在传统教学之余，通过传统文化与校园精神文化的良好结合，可达到润物细无声的教育效果，使大学生时刻都能以隐性方式得到传统文化教育。

第二，利用物质文化形式。优秀传统文化与校园物质文化融合可以通过校园建筑、景观、雕塑等方式实现。可以让大学生直接用感官体验感受这些物质性的文化。大学生在受到校园精神文化的隐性熏陶下，又可以同时受到物质文化的直接感官刺激，由此可以隐约又直接地感受中华文化的独特魅力，这样就以最直观的心理引导培养出新时代大学生对优秀传统文化的自信。

（二）运用中华优秀传统文化资源，开展校内外实践活动

要使新时代大学生充分发挥所学的优秀传统文化知识的功能，不能仅依靠不断的理论学习，还应当在课堂中学习优秀传统文化相关理论基础知识的同时，结合校内外实践活动加深对理论知识的理解。

首先，高校举办多种形式的社会性文化实践活动，激发大学生对优秀传统文化的课余兴趣，将优秀传统文化教育延伸到平时的课余生活中。例如，可以举办类似国学书籍读书交流会、古典文艺表演、传统特色的物质文化产品校园展览等，从实践层面上使大学生直观了解优秀传统文化的魅力，间接增强对我国古代文化艺术等的认同度。

其次，高校开展文化继承交流活动。大学生作为传承与发展民族文化的重要群体，有责任将民族传统文化向世界传播，从而提升中华文化的影响力。这就需要大学生借助自身的优势，利用熟知的媒体平台或载体，运用有效的文化传播媒介，将优秀传统文化加以传播，弘扬中华文化的精髓。

最后，高校组织大学生积极参加校外文化实践活动。大学生开展校外实践活动是传统教育的必要延伸，是实现新时代大学生优秀传统文化自信的重要途径。大学生只有通过理论学习融合自身的实际运用与操作，才能更好地理解所学的文化知识。因此，高校应定期组织形式多样的校外文化实践活动，如参观文化博物馆等，通过此类实践活动可以促进新

时代大学生更真切地了解中华文化的历史，感受到中华优秀传统文化的精髓。

（三）发展中华优秀传统文化事业，营造良好传承环境

良好的客观环境对个人的成长和发展至关重要，对于优秀传统文化的传承发展事业来说，拥有一个良好的环境同样重要。我国的优秀传统文化事业在党的政策与方针的引领下，取得了较大的发展。高校的努力也为传统文化的传承与时代性发展提供了一片沃土，使新时代大学生求知优秀传统文化的渠道增多。与此同时，优秀传统文化类影视动漫等作品层出不穷，在丰富大学生课余传统文化生活、提升对优秀传统文化的兴趣之外，也使新时代大学生在作出未来职业发展规划时，开始倾向于从事文化知识产业。由此可见，良好传承环境的建立对我国的优秀传统文化事业的发展具有重大现实意义。因此，应为我国的优秀传统文化传承事业的发展提供一个优越的充满文化活力的大环境。

营造一个良好的中华优秀传统文化传承环境需要各个方面的共同努力。首先，党和政府对我国的优秀传统文化事业的发展给予了大力支持，给从事优秀传统文化事业的从业者提供了良好的政策保障。其次，良好的传承环境也需要舆论的支持。这就要求我们应积极利用相关传媒手段，在全社会形成良好的舆论效应。最后，在舆论与政策的倡导下，将所具备的环境优势落实进入教育环境与环节中。通过对大环境的改变，实行高校育人理念的相应变换，改变以往更加倾向科技教育而忽略人文素养培养的育人理念，实现大学生群体的“全面发展”。

新时代大学生的成长环境较之前有很大不同，使其整体心理状态也有所差别。因此，我们只有积极探索新时代大学生优秀传统文化自信的培育路径，通过多层次、多维度和多方向施策，才能切实增强新时代大学生对优秀传统文化的自信心与认同感。

第五章 中华优秀传统文化与校园文化建设

将中华优秀传统文化融入校园文化建设是新时代党和国家赋予高校的历史使命，高校应深入挖掘中华优秀传统文化的时代价值，从发挥载体作用、加强校园环境建设等方面推进中华优秀传统文化与校园文化深度融合，传承中华文脉，加快学校内涵发展，落实立德树人根本任务。

第一节 中华优秀传统文化与校园文化建设融合分析

中华优秀传统文化是5000多年中华文明孕育的文化精华，是中华民族精神之根，是中华文化之魂，其以强大的民族凝聚力和激扬向上的活力维系中华文明绵延不断。高校校园文化是高校在长期的发展中沉淀而成的具有动态性、时代性和传承性的文化系统。高校校园文化建设彰显校园的主流文化精神，融合多元个性，助力青年学生学习成长，在培育学生成人成才的同时，也将其独特的文化精神传播到社会。无论时代的潮流如何变化，中华优秀传统文化始终是永不枯竭的精神源泉，滋养和孕育着高校校园文化的发展，也通过校园文化建设这个平台和载体实现自身的继承和发展，两者相互统一、相辅相成。在此以中华优秀传统文化和高校校园文化的深度融合为出发点，基于时代价值、现实需求、路径选择等维度进行研究，明确高校校园文化建设的导向，实现中华优秀传统文化的传承和创新发展。

一、中华优秀传统文化与校园文化建设融合的时代价值

（一）落实立德树人根本任务

中华文化崇德尚善，提倡见贤思齐、自强不息、明礼知耻，崇尚敬业乐群、扶危济困、见义勇为、孝老爱亲，是学校思想道德建设的重要资源。在高校校园文化建设中，应不断寻求与中华优秀传统文化的契合点，重视中华优秀传统文化教育功能的发挥，在继承和创新中引导大学生追求高尚的道德理想，讲道德、尊道德、守道德，用家国至上的道德原则、和谐共存的理念、循循善诱的道德氛围和世代依存的道德情感，引导学生不断增强中华民族的归属感。

（二）引领大学生筑牢信仰之基

中华优秀传统文化中蕴含的理想信念、民族精神、伦理观念、传统美德等思想教育资

源，内容丰富，具有实用性、包容性和中华民族独有的特色，具有时代价值和世界价值，是我国主流意识形态教育的文化基础，与校园文化建设的总体目标、原则存在耦合之处。校园文化建设要立足中华优秀传统文化的丰富性，大力弘扬“修齐治平”的家国情怀、厚德载物的道德修养、天下为公的无私奉献精神等，牢牢把握领导权、管控权、主动权和话语权，不断强化学生对主流意识形态的认同，筑牢信仰之基。

（三）坚定大学生的文化自信

中华优秀传统文化与校园文化建设相互融合、相互促进，在传承创新中探寻共同发展之路。在高校校园文化建设中应结合新时代需求秉持礼敬、客观的态度继承和弘扬中华优秀传统文化，在校园营造浓厚的人文氛围，师生置身其中，不断提升个人品德修养，在潜移默化中产生思想共鸣，不断增强大学生的文化参与感和获得感，激发文化自觉，提升文化认同，增强文化自信。

（四）进一步丰富校园文化

文化是校园里灵动的水，是一所学校区别于其他学校的灵魂。传统文化融入校园文化建设，要从校训、校徽、校歌、校旗等学校的象征处着眼，提炼和体现师生的思想观念、价值观念，树立“为天地立心，为生民立命，为往圣继绝学，为万世开太平”的知识分子情怀和担当精神。要从日常的学习生活着眼，提升学生的文化品位和人文素养，从精神层面着眼，培养学生健康的人格和正确的人生追求。

二、中华优秀传统文化与高校校园文化建设融合的基本要求

中华优秀传统文化融入高校校园文化建设是党中央对高校校园文化建设的迫切要求，是新时代高校实现育人目标的重要举措。要将中华优秀传统文化很好地融入高校校园文化建设活动之中，就需要从思想上足够重视，认真学习领会中央文件精神实质，明确高校校园文化建设的总体目标、必须坚持的建设原则，做好系统规划设计。这些基本要求都是将中华优秀传统文化自然而然地融入高校校园文化建设的基础工作，要根据这些基本要求推动中华优秀传统文化融入高校校园文化建设。

（一）中华优秀传统文化融入高校校园文化建设的总体目标

中华优秀传统文化融入高校校园文化建设的总体目标就是要实现中华民族伟大复兴的中国梦，具体包括：提高国家软实力实现中华民族伟大复兴；激发师生对民族传统文化的价值认同和文化自信。要实现这一总体目标，高等学校在中华优秀传统文化融入高校校园文化建设过程中，就要确保中华优秀传统文化融入高校校园文化建设工作开展的实际效果。

1. 提高国家软实力实现中华民族伟大复兴

国家的综合实力包括硬实力和软实力。硬实力主要有国家的经济力量、军事力量和科

技力量，是看得见、摸得着且起支配作用的物质力量。软实力是指国家依靠政治制度的吸引力、文化价值的感召力和国民形象的亲和力等释放出来的无形影响力，与国家硬实力相辅相成、互相促进。这里的国家文化价值的感召力就是指国家软实力中文化方面的力量，文化软实力也是一个国家综合国力的重要体现。

中华优秀传统文化是中华民族的精神命脉，包含着深刻的思想价值、巨大的精神活力。中华优秀传统文化的特色优势体现在历来能够把人的精神生活纳入人生和社会理想之中，融会博大精深、底蕴深厚的文化价值理念和人格与道德文化传统，成为当代中国文化软实力的血脉灵魂。中华优秀传统文化教化中华民族世代子孙生存繁衍，今天正在走向强大，并被国际社会认可尊重，这是祖先留给后代的取之不竭的精神动力，亟须后世的人们学习领会、继承和弘扬。中国的教育环节尤其是在高等教育环节肩负着给祖国建设输送合格人才的历史使命，培养的接班人应该是在德智体美劳全面发展，这些标准是中国的教育方针要求的，也正是中华优秀传统文化在教育思想方面的与时俱进。大学生的世界观、人生观和价值观教育方面绝不能放任自流，必须通过正面宣传，不断给大学生教授中华优秀传统文化课程知识，让学生不但有知识而且利用学会的优秀传统文化确立个人信仰和精神追求，会做人能做事，理解人生，懂得珍惜生命，热爱生活，自然融入和谐社会建设，贡献自己的人生价值。高校校园文化教育是传承中华优秀传统文化的重要平台，从文化强国意义上说，唯有重视对传统文化的优秀精髓的挖掘、创新与发展，中华民族伟大复兴才会有不竭的精神动力、扎实的根基和根本保证。中华优秀传统文化是强国文化的力量源泉，高校校园文化建设活动应该抓住融入强国文化这个核心内容。所以，加强高校文化建设对提升国家文化软实力这一建设目标具有重要意义。

2. 激发师生对民族传统文化的价值认同和文化自信

中国人民的文化自信是实现中华民族伟大复兴的前提和保障。中华民族在5000多年的繁衍壮大历程中在文明方面凝聚了先民的聪明才智，包容传承多元文化的精髓，集中反映在中华优秀传统文化思想中。

提升文化自信可以凭借多种资源，而中华优秀传统文化是其中主要的资源。文化自信根植于中华优秀传统文化。高校师生在真正认识中华优秀传统文化的核心内容与传承意义基础上，认同本民族的中华优秀传统文化对个人发展和服务国家经济建设的作用，增加民族文化自信，一定会激发民族自豪感，全身心地投入社会主义建设事业中。

（二）中华优秀传统文化融入高校校园文化建设的原则

中华优秀传统文化融入高校校园文化建设应当遵循的基本原则主要有育人性原则、科学性原则、系统性原则和开放性原则，坚持这些原则是中华优秀传统文化融入高校校园文化建设的基本要求。

1. 育人性原则

中华优秀传统文化具有宝贵的育人价值，是教育人、培养人、塑造人的宝贵资源，也是建设文化强国的核心优势。以中华传统道德文化、法治文化、励志文化教育影响现代人的精神世界，要坚持多管齐下，形成合力，使传统文化的育人价值得到充分展现。

中华优秀传统文化中的道德教育是中华文化的核心内容之一。中华民族的传统道德文化讲求修身正己，严格自律。以儒家思想为代表的传统道德文化推崇“仁”，涵盖了要求人所要具备的包括忠、信、敏等的多种品质，以及对人方方面面的规范要求。“仁”的核心是“仁爱”，讲求关心爱护与同情帮助，是一个人德行高尚的表现，代表着中华儿女的核心价值取向，体现了丰厚的中华传统文化底蕴。传统道德文化是指导公民生活实践的重要依据和尺度，有助于现代人养成尊崇道德、诚实守信的好品格，重塑社会道德体系。

2. 科学性原则

高校师生遵循科学性原则是基本价值追求，也是高校做好学生培养工作的基本原则。在工作中遵循科学性是工作开展符合事物规律的重要体现，是做好有关工作的前提。科学精神是高校校园文化的核心元素之一，也是在高校做好教学研究、学生培养、文化学习和意识形态教育等工作的基本行事原则。中华优秀传统文化融入高校校园文化建设是一个系统工程，在工作中要遵循高等教育规律，在教育的过程中要树立“以人为本”的理念，准确把握高校师生的心理需求、思想发展和利益关注等问题，创新教育手段，开展具有针对性的教育方式方法，增强教育的有效性。同时，在中华优秀传统文化融入高校校园文化建设中要注重统筹兼顾，科学开展校园文化建设工作。

3. 系统性原则

中华优秀传统文化融入高校校园文化建设是一个复杂的系统工程。要按照系统化工程要求做好中华优秀传统文化融入高校校园文化建设工作。在中华优秀传统文化融入高校校园文化建设过程中要做到以下几点：学校要有中华优秀传统文化融入高校校园文化建设的整体规划，这个规划要纳入学校的整体发展战略，使中华优秀传统文化融入高校校园文化建设工作有计划、有组织、有层次地开展；学校要设立校园文化建设工作委员会，协调推进相关工作，明确党政相关部门和院系的工作职责和任务，形成齐心合力的工作局面，推进中华优秀传统文化融入高校校园文化建设工作的深入开展；学校要充分调动各专业任课教师尤其是擅长优秀传统文化课程理论与实践教学方面的专业教师、教辅人员、后勤队伍、广大学生积极参与到中华优秀传统文化融入高校校园文化建设工作中去。

4. 开放性原则

随着全球经济一体化进程不断加快，世界经济文化的交流活动日益密切，国家持续改革开放是当今世界经济文化的发展趋势。现代意义上的大学必然是开放的大学，所以高校校园文化也必然是开放的校园文化。在“教育要面向现代化、面向世界、面向未来”思想

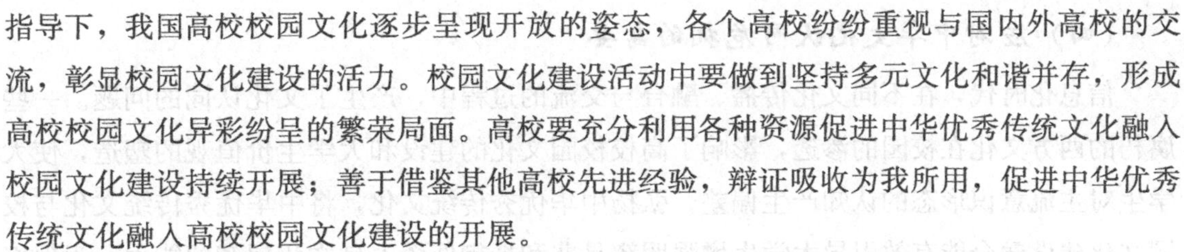

指导下，我国高校校园文化逐步呈现开放的姿态，各个高校纷纷重视与国内外高校的交流，彰显校园文化建设的活力。校园文化建设活动中要做到坚持多元文化和谐并存，形成高校校园文化异彩纷呈的繁荣局面。高校要充分利用各种资源促进中华优秀传统文化融入校园文化建设持续开展；善于借鉴其他高校先进经验，辩证吸收为我所用，促进中华优秀传统文化融入高校校园文化建设的开展。

三、中华优秀传统文化与校园文化建设融合的现实意义

（一）传承中华优秀传统文化的需要

中华优秀传统文化辉煌灿烂，但网络文化和西方思想的冲击，使能够对传统文化投入精力、悉心掌握的年轻人相对不多，传统文化的诗词歌赋、经典篇章问津者也日渐稀少。学生作为国家和民族的未来，是中华优秀传统文化的主要传承力量①。青年学生由于精力充沛、时间充裕、文化基础好，对中华传统文化的学习、吸收、借鉴、传承有先天优势，是新时代传承传统文化的有生力量和主力军。把优秀传统文化融入校园建设，使青年学生近距离地接触、有计划地学习、潜移默化地吸收，是中华优秀传统文化发扬光大的重要渠道和途径。

（二）加强创新型人才培养的需要

当前，加大创新型人才培养、促进科技进步、提高综合国力是各国推进经济发展的最重要的战略举措。我国创新型人才培养一直存在能力不足、人才较少、难以满足社会现实需求的问题，新时代对创新型人才的培养提出更高的目标和要求。中华优秀传统文化有利于大学生启迪智慧、激发创新思维、培养创新能力。将中华优秀传统文化融入校园文化建设，加强大学生对优秀传统文化经典的学习，不断提高他们的理论思维能力和思维原创力，有助于创新教育目标的达成。

（三）促进大学生健康成长的需要

中华优秀传统文化源远流长、博大精深，对传统文化的学习和了解，有利于开阔学生的眼界，增加学生的知识量②。传统文化中的许多思想，对于大学生磨炼意志、为人处世具有现实指导作用："天将降大任于是人也，必先苦其心志，劳其筋骨，饿其体肤，空乏其身，行拂乱其所为，所以动心忍性，曾益其所不能"，可以激励大学生面对挫折，逆境成长，自强不息；"非淡泊无以明志，非宁静无以致远"，可以引导学生处世、协调好人际关系，调适内心的矛盾和困惑，疏导压力。

---

① 高昆．试论中华传统文化与高职院校校园文化建设［J］．教育现代化，2017（10）：123-125.

② 李峰．中华优秀传统文化融入大学生理想信念教育探论［D］．陕西师范大学，2016.

（四）应对中华文化认同危机的需要

信息化时代，在不同文化传播、融合与交流的过程中，产生了文化认同的问题。一些腐朽的西方文化在校园的渗透，影响了高校校园文化的建设和大学生价值观的塑造，使大学生对主流意识形态的认知产生偏差。弘扬中华优秀传统文化，将中华优秀传统文化与校园文化建设融合能有效引导大学生增强明辨是非和抵御低俗不良文化侵袭的能力，为他们增强对中华文化认同营造积极健康的环境和提供坚实的保障。

（五）弘扬社会主义核心价值观的需要

社会主义核心价值观的一些内容取材和提炼于中华优秀传统文化，两者具有一定的传承性。习近平总书记指出，“牢固的核心价值观，都有其固有的根本，抛弃传统、丢掉根本，就等于割断了自己的精神命脉”[①]。儒家德育思想是中国古代几千年的优秀传统德育思想的精华[②]，儒家思想中的“修身齐家治国平天下”的理念、“仁义礼智信”的道德操守、“自强不息、厚德载物”的进取精神等进步思想对于培养大学生的爱国主义，坚定理想信念，提高人文素养具有很好的促进作用。把优秀传统文化融入校园文化建设，对于弘扬社会主义核心价值观，提高大学生的思想觉悟，“扣好人生第一粒扣子”[③] 都具有重要的意义。

（六）全面提升师生文化认知和素养的需要

在教学实践中，存在学生偏重应试知识点的学习、对中华优秀传统文化的内涵缺乏真正的理解和感悟等问题。有些学校缺乏专业的师资，优秀传统文化教育课程由思想政治课教师兼任，其传统文化功底和教学水平有限，教师更专注于自己本专业的研究和相关事务，优秀传统文化教学效果不尽如人意。可以通过培训学习、外派交流或设立教育专项基金等方式，鼓励教师不断提高理论水平，丰富中华优秀传统文化底蕴，从而讲透、讲好中华优秀传统文化的历史渊源、民族特色和优良传统，全面提升大学生文化素养，涵养其品格，夯实教育根基。

四、中华优秀传统文化与校园文化建设融合存在的问题

（一）机制不健全

一些高校领导片面地认为专业建设、学术研究是主业，传统文化建设等科目只能算是副业。由于思想认识不到位，他们对这项工作重视不够，自然在机制建设方面也是草草了事。对传统文化融入校园建设缺乏整体性、系统性的考虑和安排，导致在教学和校园活动

---

① 习近平．把培育和弘扬社会主义核心价值观作为凝魂聚气强基固本的基础工程［N］．人民日报，2014-02-26.

② 段俊平．《弟子规》是中国式企业文化的精髓［J］．企业家，2012（1）：80.

③ 陈从楷．“扣好人生第一粒扣子”离不开党史学习［N］．四川日报，2021-03-29.

中呈现碎片化、随意化现象；而传统文化课程占比少、课时少、考核少，则导致学校不重视、教师不重视、学生不重视。

（二）发展不平衡

不同背景和专业设置的高校，对传统文化的建设发展考虑不同，以理工科为主的学校对传统文化的建设不如以文科专业为主的学校。在以理工科为主的高校，师生对传统文化接触不多，认识不深，师资力量也不够。一些高校即使勉强开设传统文化课，传授方式也过于生硬，忽视传统文化自身规律，忽视学生特点，对传统文化的传承与创新考虑不多，载体不足，发展不平衡。

（三）经费投入不足

近年来，高校一直呈现扩招和扩张趋势，很多高校都在建设新校区，存在一校多区现象。其经费再多毕竟也是有限额的，在别处投入多了，在传统文化建设投入方面自然就少。不少高校充斥着现代化的钢筋水泥，却缺少传统文化的符号与氛围，校园建设缺少传统文化元素，图书馆缺少传统文化图书，课程设置和任课教师也缺少传统文化比例。

（四）负面因素影响

随着国际交往的日益频繁，西方文化日益深入，一些大学生热衷于过洋节，而对我国的传统节日和民俗不感兴趣，觉得西餐红酒好像比传统美食更显高档。西方的拜金、享乐思想也冲击着传统美德，对大学生产生了强烈的冲击和诱惑。网络的普及和网络游戏的兴起，则挤占了大学生的阅读时间，而传统文化是离不开阅读的，二者形成了一定的冲突。更甚者，沉浸在网络虚拟情境中的少数大学生荒废了学业，忽视了人际交流和社会实践，更谈不上传承和创新传统文化了。

近年来，历史虚无主义仍然有市场，时常会沉渣泛起。社会上还存在对中华优秀传统文化的当代价值认识不清的现象，存在用孤立、片面等非科学的态度解读中华优秀传统文化的现象，在网络空间中还存在娱乐化、戏谑化、极端化对待中华优秀传统文化的现象。极少数人别有用心地忽视、歪曲、贬损、否定、抹杀乃至颠覆中华优秀传统文化成果，不断消减民众对中华优秀传统文化的敬畏感、归属感，不断冲击民众的文化认同与文化自信，这些都直接导致某些大学生的文化素养明显退步。在互联网时代，大学生利用线上、线下渠道获取的各种知识量大幅增加，但是受不同程度的历史虚无主义的影响，加之错误思潮的入侵，大学生的传统文化素养以及对传统文化的认同感在下降，而文化归属感与认同感的下降，必然造成历史、文化、精神传承上的割裂。

（五）导向功能不足

中华优秀传统文化只有在传播中才能得到传承。高校范围内传播手段的单一性，在一定程度上影响了传统文化传承的力度。目前高校对中华优秀传统文化传播的渠道多为高校

“双微”“平台”，官方媒体大多为政务媒体，“双微”话题的主动性与联动性不足，没有形成校园新媒体生态矩阵。从整体来看，在师生中有效传播中华优秀传统文化、在校园建设系统工程中有效提升文化建设的水平，还是以传统方式为主，加之新媒体与传统媒体在中华优秀传统文化传播方面没有实现有效融合，对师生群体没有形成有效的文化导向。

（六）重要性认识不足

部分高校尤其是专科性高校开设的与中华优秀传统文化有关的课程较少。课程结构以各专业课程为主。目前作为公共必修课开设的与中华优秀传统文化有关的课程较为单一，主要为“大学语文”“中国文化概论”“思想道德修养与法律基础”“中国近代史纲要”等，也开设书法、绘画、武术、戏剧、太极拳等普及性选修课程，但选修课程学分比较少。有关中华优秀传统文化分类深入讲授的体验式课程、线上课程开设较少。受限于学科专业的不同，大部分高校教师把更多精力放在自身专业的探索上，文史哲素养水平参差不齐，对于如何通过言传身教的方式传承中华优秀传统文化的思考不多、认识不足，主动探索如何将中华优秀传统文化融入专业教育的力度不够，课程的思想政治教育效果不明显。

在互联网时代学生学习态度和学习方式的变化，也对传承中华优秀传统文化有着一定程度的影响。部分学生对学习中华优秀传统文化的态度不积极、不端正，认为学习诗词歌赋、古典名著等传统文化书籍没有直接的现实效用，通过主动学习、辨析义理进行的体悟和笃行不足，“易知难行”“只知不行”现象比较普遍。加之随着经济的飞速发展，社会发展节奏变得较快，大学生群体中碎片化阅读、“快餐文化”盛行，出现远离文字、关注短视频的趋势。大学生对中华优秀传统文化学习的系统性和逻辑性不足，思维趋向碎片化、形式化、表面化、娱乐化，难以切实感悟中华优秀传统文化所包含的精神内容、思想高度与深度，不能在实际学习生活中融会贯通，导致传承和弘扬中华优秀传统文化的效果不佳。

（七）品牌化、项目化建设不足

某些高校对校园文化建设和中华优秀传统文化融合的重要性与现实意义认识不到位，建设目标不明确，定位不清晰，顶层设计不够，校园文化建设制度不健全，缺少系统性、连贯性规划。部分高校在二者融合过程中存在内容程序化、雷同性较高的现象，融合的方式与载体缺乏特色、新意与创新性，开展的形式与宣传手段较为陈旧，没有形成与高校特色相匹配的品牌化、项目化运作，吸引力不足，从而导致师生参与度不足，无法取得校园文化建设沉浸式育人的预期效果①。

① 李西京．中华优秀传统文化融入高校校园文化建设研究［D］．西安科技大学，2019.

第二节　中华优秀传统文化融入高校校园文化建设的途径

高校是推动文化传承发展的重要力量，高校校园作为培育大众文化素养的重要阵地，中华优秀传统文化传承发展离不开高校校园文化建设，高校校园文化建设也必然需要中华优秀传统文化的丰厚滋养。中华优秀传统文化融入高校校园文化建设的主要途径可以从以下几个方面着手进行：首先，要求高校重视从理论上对校园文化的凝练与阐发；其次，从校园文化建设的实践方面考虑可以从高校的思想政治教育、美育体育教育和大学生社会实践等主要环节融入中华优秀传统文化；最后，还可以在构建优秀传统文化课程体系和教材内容编写中、在校园文化宣传手段和过程中、在校园文化设施与景观建设中、在开展的校园文化活动中融入中华优秀传统文化。

一、高校应该注重对校园文化的凝练和阐发

校园文化是校园人在校园生活与实践中形成的校园群体精神及其所附载体。高校校园文化无法一朝一夕速成，它是在高校长期办学过程中，人文事物所体现和凝聚形成的精神力量，从而滋养着一代代、一届届师生，成为高校厚植的文化家园。高校校园文化需要凝练、需要阐发、需要研究、需要加强高校校园文化的研究阐释工作，深入研究阐释高校校园文化的历史传承、发展脉络、典型人物实例，深刻阐明高校校园文化是建设世界一流、国内一流、国内领先、国内先进的高水平大学和学科的实践之需。高校校园文化的凝练和阐发需要高校自身的文化自觉和文化自信。

（一）高校校园文化的核心内容

高校校园文化建设的核心是高校精神文化建设，这是国内高校在较长的教育实践过程中凝聚的精神成果和精神内涵。高校的精神文化包括科学精神和人文精神两个方面。

其一，高校的科学精神集中体现为师生教学实践与科学研究中追求真理、崇尚创新、尊重实践、弘扬理性等方面。这些科学精神倡导师生们不懈地追求真理的信念和捍卫真理的勇气、尊重学术自由，鼓励发现和创造新的知识与创造性应用，崇尚理性质疑。科学理论必须经受实验、历史和社会实践的检验。

其二，高校的人文精神表现为对人的尊严、价值、命运的维护、追求和关切，对人类遗留的各种精神文化现象的高度珍视，对理想人格的肯定和塑造。校园精神文化又被称为“学校精神”，并具体体现在校风、校训、校歌和校标等方面，这些是高校精神、办学理念与各个高校的历史沉淀、现实特点相结合的产物，展示于校园生活的各个角落。高校的人文精神在人性方面体现出对人的幸福和尊严的追求；在理性方面体现为对真理的追求；在超越性方面表现为对生活意义的追求。其核心内容是关心人的精神生活、尊重人作为精神

存在的价值。

（二）高校校园的文化自觉和文化自信

高校校园文化的凝练和阐发需要高校自身的文化自觉和文化自信。文化自觉的品格是高校应有的品格，是高校每个人都必须培养和拥有的品格。唯有如此，高校才能成为先进文化的殿堂、社会文化的示范。高校校园文化的形成既需要长期的办学积淀过程，又需要对长期过程中所形成的文化要素用更简洁明了的语言进行集中、抽象和凝练。高等学校需要对自身文化抱有自信，对自身发展抱有期待，需要坚守本身所具有的文化传统，又要与时俱进，自觉融入中国特色社会主义文化体系中去。

其一，文化自觉是指生活在一定文化中的人对其文化明白它的来历、特色和发展趋向。文化自觉是一个艰巨的过程，只有在认识了自己的文化、理解所接触到的多种文化的基础上，才有可能在多元文化世界里确立自己的位置，与其他文化交融，取长补短、和平共处。我国高等教育的发展需要努力适应中国正在形成的世界性大国的地位、责任和影响，要体现出中华民族伟大复兴的要求。中国的高校应该是在文化、思想和学术上独立自主的高校，应该是坚守并体现中华民族文化特征的高校，也应当成为充分体现高校文化自觉的场所，自觉承载起自己的文化使命、体现出自己的文化担当。

其二，文化自信是指一个国家、一个民族对自身文化的推崇和肯定，是民族发展和国家昌盛的基础和前提。高校是知识和人才的汇聚地，也是先进思想和文化传承的阵地，坚守文化自信教育应该大力开展优秀传统文化融入校园文化建设工作，创新当代社会文化和校园文化，帮助学生提高鉴别是非的能力，自觉抵御西方思潮的侵袭。广大师生铭记历史、坚定信仰，保证校园文化环境的纯洁性，争当传播中华优秀传统文化、自觉践行社会主义先进文化的先锋。

二、中华优秀传统文化在高校教育主要环节融入的途径

（一）在思想政治教育环节中融入

中华优秀传统文化作为民族精神之魂，凝聚着中华民族的精神财富，具有无与伦比的号召力和强大的时代价值。当今大学生作为中华优秀传统文化的继承者和弘扬者，更要注重对他们进行中华优秀传统文化的教育。中华优秀传统文化的传承促进在校大学生发扬中华传统美德和民族精神，在校期间辅助大学生确立符合时代潮流的世界观、人生观和价值观，从更高层次提升大学生的道德品质。

在弘扬中华优秀传统文化的同时要坚持社会主义方向，挖掘中华优秀传统文化中所蕴含的德育资源，积极探索将中华优秀传统文化融入高校思想政治教育的途径和方法，探索出一套中华优秀传统文化和思想政治教育工作融合发展的教学方式，不断地提升思想政治教育的有效性和针对性。

为了将中华优秀传统文化与思想政治教育的课程内容更好地融合，首先要确定当前的教学重点，有计划地编写授课计划，对思想政治教育的课程进行合理设置，结合实际增加学生对思想政治理论的学习内容；其次，在教材的编写和选取上要突出中华传统优秀文化元素；最后，教师在授课的过程中要激发学生主动学习优秀传统文化的热情，在课堂上营造“弘扬中华优秀传统文化，讲好中国故事”的氛围。

教师在思想政治理论课的授课形式设计上适当增加一些实践教学课时，通过师生之间的探讨互动环节，可以制造一些小小的戏剧性的意外过程活跃课堂气氛，吸引学生注意力，让学生切身感受到优秀传统文化的力量。通过方式的创新，促进实践课程更加系统化、完整化和层次化，学生可以通过课外实践活动环节亲身体验中华优秀传统文化具有的独具特色的魅力，从而认同中华优秀传统文化的价值。在这个过程中，大学生通过参与实践环节不断提高自身的思想道德素质，自觉成为中华优秀传统文化的践行者，增强了文化自信心。

当前我国正处于中华民族伟大复兴的重要时期，加强学生思想政治教育要结合国内国际形势，以教学主导帮助学生树立文化自信心，实现中华优秀传统文化与思想政治教育的有效融合，提高高校思想政治教育工作成效。

（二）在美育体育教育环节中融入

高校要坚持把立德树人作为根本任务，要全面加强和改进学校美育、体育教育，提高学生审美和人文素养，强健学生身心体魄。校园里可以经常开展中国武术、太极拳等中华传统体育活动，民间剪纸、戏曲演唱、书法、绘画等中华传统美育艺术活动，将美育体育教育作为学校展示校园文化特质的重要手段，凸显学校精神文化建设内容。

在加强美育体育教育方面，高校应该高瞻远瞩，确立“艺体见长”特色的办学思路，可以组织成立美育体育教学方面的社团，促进校园美育体育文化建设工作。给这个组织应该明确工作任务，提供协调校内教学资源的条件，组织好美育体育教学活动。创新构建、力争开设有利于学生个性发展的美育体育特色课程，使更多的大学生多才多艺，更好地实现人生梦想。

依托专业教研室加强美育体育教学，做好课程的开发和储备，建设完备的美育体育课程教学体系，以课程建设为引导，基于高手在民间的认识，不断挖掘广大劳动人民日常工作与生活中蕴含的丰富艺术资源，从创建“一院一品”校园文化特色项目到形成独具特色的“一校多品”校园文化项目。推动中华优秀传统文化融入美育体育课堂教学过程中要注重挖掘美育体育学科中的中华优秀传统文化元素，提高学生的审美能力，在丰富活动载体方面不断进行创新。

学校在制定政策时有计划地结合学科的教学内容，坚持以体强身、以美育人、以艺促智的教育思想，创新全员参与、课内外结合的美育体育教育模式。给每位学生提供美育体育艺术特长展示的空间，也注意到美育体育艺术苗子的培养，让学生的美育体育艺术潜能得到充分的提高。

在教师队伍建设上要加强对专业教师队伍管理，建设一支优秀的专业师资队伍。建立相应的激励制度，不断提升教师的教学水平和业务能力，激励教师潜心认真研究教法和学情，循序渐进，夯实学生美育体育才艺基础，发挥出美育体育教学在校园文化建设中的作用。

（三）在大学生社会实践环节中融入

大学生参与社会实践是高校校园文化建设的重要内容之一。开展大学生社会实践活动有利于促进大学生了解社会、国情，增长才干，服务社会，培养毅力，增强社会责任感，在实践中还能够广泛接触劳动人民，从中学习和感受民间的传统文化思想。为此，高校除了应该多开展主题鲜明的社会实践活动，利用学生开学典礼、表彰大会等大型集会场合适时开展主题教育实践活动，还要利用各种假期组织大学生志愿者参与各种类型的社会实践活动，全面实施以弘扬中华优秀传统文化、增强大学生的理想信念为目的的思想政治教育。

应以学校各种社团为依托，利用好重大节日契机，如在抗战纪念日以爱国主义、革命主义教育基地为平台，积极开展红色教育实践活动，深入革命历史遗址参观学习以提高师生的政治觉悟和理想信念。例如，某学院通过“国旗下的成长”主题教育活动在校园内营造风清气正、文明和谐、爱党爱国的校园文化氛围，激发学生的爱国之情与报国之志。

高校要开展好志愿服务实践环节。可以组织广大师生经常性地开展服务社会的公益活动，让广大师生在服务的过程中，不断提升道德觉悟，并在服务活动中传播中华优秀传统文化。很多高校结合学校特点和所处地域实际情况积极开展服务地方的志愿服务活动，这些活动都取得了良好的育人效果。

三、中华优秀传统文化在高校课程教育中融入的途径

高校应本着政治引领、立德树人、突出特色的原则构建中华优秀传统文化课程体系，建设大学生校园内学习中华优秀传统文化的教育平台，通过配套教材教学引导学生树立鸿鹄之志，传承和弘扬中华优秀传统文化，做新时代中国特色社会主义事业的建设者。

（一）在构建高校中华优秀传统文化课程体系中融入

我国高等教育肩负着为社会主义事业培养德智体美劳全面发展的建设者和可靠接班人的重大任务，因此必须坚持正确的政治方向。构建中华优秀传统文化课程体系要始终坚持党的领导，以坚持政治理论为引领，把政治思维落实到传统文化教育的各个环节。中国特色社会主义进入新时代，构建中华优秀传统文化课程体系应将课程目标、教学理念、教学模式等课程要素与中华优秀传统文化精神和新时代政治理论紧密结合，用富有时代气息的

话语体系、用学生喜闻乐见的教学形式，阐释中华优秀传统文化的基本思想、基本精神和时代价值；让学生感受传统文化历久弥新的智慧力量，增进学生对中国道路的了解和认同，鼓励学生用中国智慧和中国经验去观察新时代、把握发展形势，立鸿鹄之志，为把我国建设成为社会主义现代化强国而努力奋斗。

高校立身之本在于立德树人。青年时期是人格修养和价值观养成的重要时期，高校传统文化课程体系的构建应该与育德、育人、育才相统一，真正领会习近平总书记关于立德树人根本任务的系列重要讲话精神，用习近平新时代中国特色社会主义思想铸魂育人；把立德树人的教育理念贯穿于传统文化课程体系构建的过程，以“立德”为根本开发课程，以“树人”为使命设计课程，培养大学生成为有大爱大德大情怀的人。

高校的优秀传统文化课程体系的设计应充分体现学校的鲜明特色。高校应结合校训和发展历史，兼顾自身学科优势和人文积淀，完善优秀传统文化课程体系的构建。优秀传统文化的课程教学考评也要与时俱进，创新考评方式给学生更多选择，如兼顾学生专业优势、采用展示类的课程教学考评等方式。

高校必须完整构建传承和弘扬中华优秀传统文化的公修课程、选修课程、线上课程的课程体系。在“三位一体”的课程体系中，中华优秀传统文化的公修课是全体大学生必须学习的课程，由中华优秀传统文化概论课程、传统道德教育课程、价值观养成课程三部分构成，通过对中华优秀传统文化经典思想的学习，增强大学生的传统文化素养，在整个课程体系中具有基础地位。中华优秀传统文化的选修课起到对公修课的补充和支撑作用，由实践体验课程、经典文本导读课程、专题课程构成。中华优秀传统文化的选修课由各专业结合自身优势开设，学生可以根据自己的兴趣跨专业选修。中华优秀传统文化的线上课程由一系列审美素养课程构成，具有内容丰富、学习方式新颖灵活的特点。大学生利用课余时间学习中华优秀传统文化的线上课程，通过网络平台课的形式互动授课，能够使学生在轻松愉悦的氛围中感受传统文化蕴含的哲学智慧。中华优秀传统文化的线上课程是对中华优秀传统文化的公修课程和选修课程的进一步拓展和提高。

（二）在编写中华优秀传统文化教材中融入

加快编写国家统编的中华优秀传统文化教材是贯彻和落实“两办”文件精神的必然要求。根据“两办”文件要求，把中华优秀传统文化教育系统地融入课程和教材体系之中，高校应该积极组织编写中华优秀传统文化概论课程、传统道德教育课程、价值观养成课程等公修课程教材；编写中华优秀传统文化实践体验课程、经典文本导读课程、专题课程等选修课程教材；制作中华优秀传统文化线上课程，不断丰富课程资源。

在课程建设和课程标准修订中强化传承中华优秀传统文化内容。开展民族文化传承与创新示范专业点建设，建议高校统一开设中华优秀传统文化必修课，拓宽中华优秀传统文化选修课覆盖面，丰富中华优秀传统文化的线上课程内容。以爱国主义教育为核心，深入挖掘中华优秀传统文化中蕴含的丰富思想政治教育资源，进一步丰富中华优秀传统文化教材的教学内容，创新教学方法和手段，提升教学效果。

四、中华优秀传统文化在校园文化宣传中融入的途径

（一）在网络媒介宣传中融入

当今社会已步入“全媒体时代”，“全媒体时代”具有信息传播快、覆盖范围广等特点。互联网已经成为大学生学习和交流的主要平台，并影响着大学生的思维方式。将中华优秀传统文化与互联网传播的优势相结合，成为目前需要解决的问题。要解决这个问题，首先，要打造贴近青年的中华优秀传统文化品牌栏目，在栏目中将历史的传统文化通俗化，使其变得更容易被学生接受。其次，要发挥自媒体技术的桥梁作用，形成师生之间的互动。教师和学生可以用微信、QQ 等 App 进行交流，教师可以根据情况及时进行授课，同时根据平台反映的数据反馈学习效果，提出相关建议。最后，学校可以利用发达的网络技术创建中华优秀传统文化的资料库，汇集一些优秀课程资源素材实现线上线下教育的互通，最终实现中华优秀传统文化促进校园文化建设的目标。

（二）在校园宣传设施中融入

校园宣传设施是校园物质环境的重要组成部分。高校可充分利用校园内的宣传横幅、公告栏、LED 显示屏等丰富的宣传载体，这些丰富的校园文化宣传设施是传播中华优秀传统文化的有效形式，在宣传过程中可以起到潜移默化的宣教作用。

在利用宣传资源的时候，教育工作者可以从宣传形式、宣传位置、宣传方法上加以把握，实现宣传效果的最优。首先，宣传横幅由于成本低廉，因而成为高校乃至整个社会普遍采用的宣传设施，它的优势是用直接的文字和语言将教育内容或价值观念表现出来，表现出更多的引导与号召力。其次，用图文并茂的宣传海报能更好地对优秀传统文化进行阐释，增强大学生对中华优秀传统文化内容的理解。例如，可以将优秀传统美德和文字结合在一起，设计出宣传海报，张贴在校园橱窗里，一目了然，对大学生起到潜移默化的教育作用。最后，适时地利用宣传设备。例如 LED 显示屏可以吸引当代大学生的主动关注。尤其是在类似电梯轿厢、大厅这种空间中安置的显示屏更能起到良好的宣教作用。

五、中华优秀传统文化在校园文化设施与景观建设中融入的途径

（一）在高校校园文化设施投入中融入

中华优秀传统文化融入高校校园文化建设是一项需要充足资金投入的工作，为此高校应该为中华优秀传统文化融入高校校园文化建设工作编列专项预算，在财政划拨款中编列专门预算；高校也可以依靠社会多方面的力量，多形式、多渠道地筹集资金，将资金有效地融入高校校园文化建设的各个环节，确保校园文化建设任务如期完成。

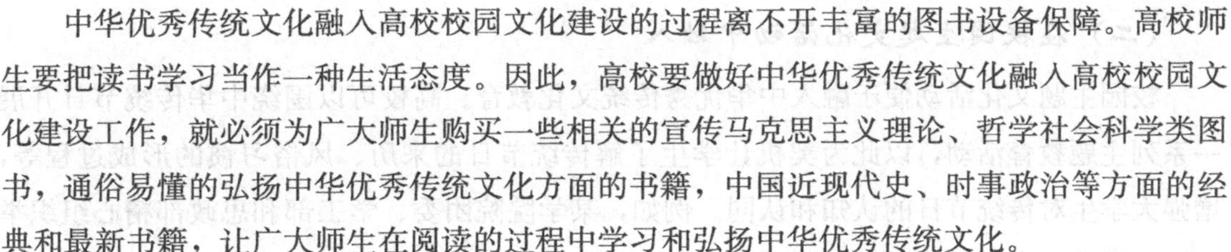

中华优秀传统文化融入高校校园文化建设的过程离不开丰富的图书设备保障。高校师生要把读书学习当作一种生活态度。因此，高校要做好中华优秀传统文化融入高校校园文化建设工作，就必须为广大师生购买一些相关的宣传马克思主义理论、哲学社会科学类图书，通俗易懂的弘扬中华优秀传统文化方面的书籍，中国近现代史、时事政治等方面的经典和最新书籍，让广大师生在阅读的过程中学习和弘扬中华优秀传统文化。

（二）在校园文化景观建设中融入

校园文化景观是校园物质文化建设的亮点展示，也是校园物质文化建设中最具生命力和感染力、最具人文精神和人文特质的物质载体。高校要十分重视校园文化景观建设，努力做到系统布局、整体设计、含义鲜明，建设美丽、优雅、绿色的校园环境。

学校允许相关单位和学生组织利用学校建筑内的墙壁作宣传阵地，将中华优秀传统文化的内容制作成文字与图片结合的宣传板，融入学生日常生活的每一处环境里，让大学生做到每天能都耳熟能详；可以将中华优秀传统文化的元素在校舍建筑风格、道路命名、宣传标语等方面进行展示，使学生随时随地徜徉在良好的氛围中。

学校在作校园文化建设的规划时要根据学校的历史和传统，对校园文化景观建设做好顶层设计。校园文化建设应凸显学校地域文化、历史传统、革命文化。以塔里木大学为例，校园里保留了一些建筑遗迹展现了学校在艰苦环境下的发展历程；校园到处可以看见宣传正能量的标语；展现校园文化风格与学科特点的道路均有命名，如枣园路、梨园路、桃源路、银杏路、大学路、王震大道、梧桐大道等；学校重要位置矗立着塔里木大学第一位名誉校长王震将军的铜像；主教学楼前校园文化景观主要展示不朽的胡杨，突出了学校用胡杨精神育人、为兴疆固边服务的办学宗旨。

六、中华优秀传统文化在高校校园文化活动中融入的途径

校园常态化地开展文化活动能发挥重要的育人功能，可以提升大学生的人格修养、爱国和爱社会主义情怀。

（一）在高雅艺术进校园活动中融入

高雅艺术进校园活动是国家教育主管部门为促进高校素质教育而实施的重要举措之一。自活动开展以来，始终以立德树人为根本任务，以改进美育教学、提高大学生艺术审美和综合素质为目标，开展了内容丰富、形式多样的活动，丰富了高校学生的精神世界与学习生活，提高了高校学生的艺术修养，获得了预期的效果与影响。高校首先要完善高雅艺术普及体系。针对不同人群开创不同艺术学科，还可以组织高水准的艺术教师、专家举办讲座、艺术实习培训等提高高雅艺术的影响力。其次应创建高雅艺术教育平台，依托科技手段开发 App 软件、建立公众号、创办网站等，加大普及力度，使师生不受空间、时间限制接受艺术教育，便于交流学习。

（二）在校园主题文化活动中融入

校园主题文化活动便于融入中华优秀传统文化教育。高校可以围绕中华传统节日开展一系列主题教育活动，以此为契机让学生了解传统节日的来历、风俗习惯的形成过程等，增强大学生对传统节日的认知和认同。例如，某学院院团委、学工部和思政部精心组织举办了校园感恩主题教育活动。活动中，学生们用签名、发微信、打电话、召开座谈会、给烈士扫墓等方式表达了对父母的养育之恩、对老师的培养教育之恩、对同学的相伴之恩、对先烈的牺牲精神之恩和对社会的关怀之恩等，达到了校园感恩主题教育活动的目的。

第三节　中华优秀传统文化融入高校校园文化建设的保障

从各个高校的现实情况来看，积极推进中华优秀传统文化与融入校园文化建设已成为常态。事实上，我们可以构建基于高校思想政治教育的领导组织体系上的有效保障机制。可以从组织领导工作队伍等方面构建。

一、组织领导保障

党的领导是开展大学生校园文化的核心保证。要坚持学校党委的统一领导，明确学校党委在促进中华优秀传统文化与校园文化建设相融合的领导职责，为工作的开展把好政治方向、作好决策领导、及时开展协调和监督。

（一）坚持党组织在高校校园文化中的核心地位

学校党委要贯彻落实中央和有关部门的文件精神，领导制订中华优秀传统文化与校园文化建设相融合的实施目标、实施计划和实施细则，负责整合校园文化资源，在开展中华优秀传统文化与校园文化建设相融合中形成工作合力。坚持学校党委统一领导，同时又要发挥各个院系的基层党组织的作用，将学校党委的工作贯彻落实到二级党组织中。

（二）建立和完善高校校园文化合力机制

大学校园文化由党委统一安排，党委和行政应该齐抓共管，不断建立和完善高校校园文化建设的合力机制，促进高校各有关部门形成相互配合、相互协调、相互推进和相互辅助的工作格局。一是要建立高校党、政、团、学等部门联动机制，促进校园文化建设的合力。高校党委主要是制订校园文化的目标、计划，对校园文化活动的重大问题进行集体决策和部署；行政部门在参与决策和讨论的过程中，通过行政管理具体落实各项校园文化活动的决策和工作；宣传部、学工部、团委积极指导各个院系开展中华优秀传统文化与校园文化建设相融合的各项主题活动和实践活动。二是要努力形成党政干部、思想政治理论课教师、哲学社会科学教师、思想政治辅导员组成的师资合力机制。

二、工作队伍保障

校园文化工作队伍的结构主要包括年龄结构、学历结构、职称结构等。工作队伍人员要做到相互配合，群策群力，共同提高校园文化工作的实效。

（一）建设结构合理、专兼结合的校园文化工作队伍

思想政治教育工作队伍由共青团干部、辅导员等组成，兼职人员包括专业教师、研究机构人员等。还可聘用兼职人员从事校园文化工作。这可以有效地缓解有限文化资源的矛盾，可以让更多的人参与校园文化活动，扩大了覆盖面和校园文化功能的力量。

（二）全面提升校园文化工作者的素质

政治强是对校园文化工作者的政治要求，业务精是对校园文化工作者业务素质的基本要求。人文教育是一门实践性、应用性很强的学科，思想政治工作者要按照“专业化”“职业化”的要求提高自己的业务素质。

当前，随着知识经济和信息网络的发展，以及全球化的趋势不断加强，校园文化面临着更多的挑战。校园文化工作人员只能加强自身业务能力，力争成为校园文化专家。这也正是对校园文化工作者的文化素质的要求。校园文化工作者的文化魅力可以产生强烈的吸引力和榜样力量，简而言之，“一靠真理的力量，二靠人格的力量”。高尚人格是先进人文品质的直观表达，它将产生榜样，促进良好校园文化的形成。校园文化工作者应具有良好的人格魅力。

总之，校园文化工作者应提高自身综合能力，做学生的知心朋友、人生导师，运用自身的人格魅力感染教育学生。

（三）建立健全校园文化工作者“乐教”机制

校园文化工作者应具备良好的素质，还必须对校园文化工作真心喜欢、真心热爱，真正“乐教”，这才能以高度的激情投入工作，不断改进工作方法方式，提高工作成绩与效果。

高校应建立健全思想政治教育工作者乐于从事校园文化活动的相应机制，具体如下。

一是配备足够的思想政治教育工作者，适当减轻现有工作者的工作量。目前，思想政治教育工作者的总体数量严重不足，高校应根据工作需要，通过设立思想政治教育工作者准入资格、提高待遇等措施将优秀的专家学者扩充到思想政治教育工作队伍，提高思想政治教育工作队伍的战斗力。

二是建立人才培养计划。要有计划地培养校园文化工作方面的专家、学者、学科带头人和学术骨干，使他们成为校园文化工作的核心力量；要对青年校园文化工作者实行导师制，帮助他们尽快熟悉业务，提高能力；有必要创造条件，提高教育水平，制订继续教育计划，鼓励校园文化工作者在职培训、脱产进修、交流和学习，实现校园文化工作者的可

持续发展，切实提高校园文化工作者的整体水平。

三是建立健全激励体制。针对校园文化工作的特殊性，设立专项课题，鼓励广大校园文化工作者申报，提高校园文化工作者的科研能力，营造尊重校园文化工作者的氛围，提高校园文化工作者的地位、待遇和职业自豪感；在评估考核、职称晋升等方面结合校园文化的特殊性，制定科学合理的依据，使校园文化工作者能够解决后顾之忧，全身心投入校园文化工作中，以从事校园文化工作为荣，以从事校园文化工作为乐。

三、经济物质保障

中华优秀传统文化融入校园文化建设必须保证必要的投入。总体来讲，高校校园文化建设投入相对较少，校园文化活动常因缺少经费和物质保障而难以展开。但无论如何，都应该按照中央加强大学生校园文化建设的有关文件精神，建立大学生校园文化专项教育经费。

（一）确保大学生优秀传统文化教育基本设施、设备建设

基本的设施和设备是开展大学生优秀传统文化教育不可缺少的物质条件。例如，校园文化活动场所应该能够满足开展中华优秀传统文化活动的需要。此外，开展中华优秀传统文化教育还必须有基本的物质保障，包括经典图书、核心教材、电脑、多媒体设备等，以此提高教育教学成果。不仅如此，学校还应根据中华优秀传统文化的特点和大学校园文化的发展变化情况，不断地改善和优化基本设施和条件。

（二）确保大学生优秀传统文化教育工作的专项经费

开展优秀传统文化教育活动，关键是要建立一个精干、高效的校园文化工作队伍。必要的专项资金是建设这支队伍的物质基础。高校应确保校园文化的专职人员收入不低于专业教师，并确保资金用于校园文化的培训，如课程建设等。

四、环境支持保障

大学生思想政治道德是在一定的环境中形成和发展的。大学生优秀传统文化教育也是在一定的条件下进行的。在优秀传统文化教育中，当社会环境、学校环境与大学校园文化相协调时，环境就会对大学校园文化起到支持、促进作用；反之，则会起阻碍作用。对高校而言，教育的大环境即社会环境是不可能在短时间内创造出来的。但是，大学生教育的小环境即校园环境是可创造的或部分可创造的。

这里的环境是通过校园规划改善设施，美化环境，创造一个体现高校精神的美丽校园。每所高校独特的建筑结构，构成了不同的高校风格，它蕴含着高校的精神，无形之中影响着校园里的人。校园的建设、设施、绿化、装修、宿舍管理、清洁和服务都是长期培养学生道德和心理的因素。美丽的校园环境不仅是“人化”的结果，还具有“化人”的作

用，可以让学生受到微妙的影响。良好的校园物质环境建设需要加强管理和维护。它是要教育师生特别是学生对环境的认知。干净、文明、优美的校园环境，不仅是促进学生健康成长的地方，同时也为学生的文明修养提供了有力保障。

五、法规制度保障

大学生思想政治教育是党和国家长期以来十分重视的一项长远性、战略性的工作。在《中华人民共和国教育法》《中华人民共和国高等教育法》《中华人民共和国教师法》等法律中，党和国家从教育发展的全局、教师队伍建设等不同的角度对大学生思想政治教育作出了明确规定。所有规定内容尽管不是专门针对大学生思想政治教育而作出的，但是作为高等教育领域的基本法律法规，其涉及大学生思想政治教育内容的有关规定具有权威性的法律效力，这也为以中华优秀传统文化与校园文化建设相融合为内容的法规、制度的制定、出台提供了法律依据和政策支撑。另外，党和国家专门颁发的规范性文件，如《中国普通高等学校德育大纲》等，对大学生思想政治教育、优秀传统文化教育的地位、作用、任务、方针和原则等都作出明确、具体的规定，这也为大学生校园文化活动的开展提供了明确的指导。

从中华优秀传统文化与校园文化建设相融合的角度来看，相关法律法规和文件应主要突出两个维度：一个维度是要制定有关中华优秀传统文化与校园文化建设相融合的实施细则，确保中华优秀传统文化与校园文化建设相融合不是停留在理论层面上的阐述，而是要得到具体的实施。另一个维度是要随着社会的发展、文化环境的不断变化，要求有关部门根据客观环境、现实要求和文化发展规律等因素，及时系统地修订、完善和出台有关中华优秀传统文化与校园文化建设相融合、大学生校园文化、中华优秀传统文化教育方面的法律法规和规范。

第六章　推进大学生中华优秀传统文化教育的对策

结合以上对中华优秀传统文化的相关研究，基于新时代中华优秀传统文化在不同教育中的融合与传播，聚焦社会实践、校园文化和互联网平台提出优化路径，在丰富教育渠道和资源的同时推进中华优秀传统文化的创造性转化和创新性发展。

第一节　中华优秀传统文化融入高校学生党员教育的路径

中华优秀传统文化蕴含着丰富的文化资源，将其充分运用到高校党建教育工作中，不仅是创新高校学生党员教育的需要，更是提升大学生党员文化自信的必然要求。

一、加强顶层设计，健全管理体系

（一）落实融入教育工作责任

要确保中华优秀文化有效融入高校学生党员教育（以下简称融入教育）之中，必须从学校党委、行政的层面给予高度重视，在党建年度工作的重要内容当中，要将融入教育工作放在重要位置。首先，制订融入教育工作的总体规划与实施计划。确保融入教育工作的常态化、制度化和规范化，并实施项目负责制，定期分析融入教育工作的困难状况，对项目进行过程控制，提升教育管理效果。其次，增加融入教育工作软硬件建设投入，促进融入教育工作良性发展。最后，二级学院（系）党组织对融入教育工作既要有统一规划部署，又要有具体的培训与指导，对不同学生党支部在融入教育工作过程中存在的问题和短板，应作出及时应对，进行有针对性的分类培训和指导。

（二）完善融入教育工作考核评价

为确保融入教育工作落到实处，应对融入教育工作实行目标管理，定期检查，建立基层学生党支部考核制度。对考核过程进行评价，既能及时总结经验、查找不足，又能更好地提升教育工作成效。

完善融入教育工作考核评估制度。为更加科学规范地开展融入教育工作，应制定明确的工作目标，落实融入教育工作的任务和职责，将任务分解细化，落实到责任人以及完成日期。建立学期考核评估管理，通过二级学院（系）党组织、学生党支部逐级考核，层层落实，完成考核目标。

在实践工作开展的过程当中，要制定切实可行的过程性反馈评价机制。在完善考核评估机制的基础上，加入过程性反馈评价，能更好地体现融入后的学生党员教育考核过程中的内容是否科学有效、是否切合实际、是否达到育人的效果，从而在评价结果中查找问题，找准命脉，使形式与内容、定量与定质、机制与落实相统一，提升融入教育工作的整改价值。

将考核与过程评价相融合。各级党组织或党群部门应在考核的推动下，根据指标要求积极制定中华优秀传统文化融入高校学生党员教育系列学习活动方案。高校通过过程性评价掌握方案执行后的育人效果。比如，在大学生党员教育中引入中华优秀传统文化之后，对当前高校大学生党员的实际生活和学习进行密切的观察，检验他们能否很好地践行中华优秀传统文化中的积极进取、艰苦奋斗等精神。或者对某二级学院（系）党组织或某个学生党支部进行整体的反馈与评价，对融入教育工作的绩效情况进行客观公正的评价，并把评价逐一归类，让他们在完成硬性考核目标的同时，可以估测中华优秀传统文化的融入是否达到阶段性的教育预期效果，以有针对性地改进下一步融入教育工作。

（三）实施融入教育工作有效激励

考核与反馈评价办法是较为强硬的手段和方法，是高校党委在顶层设计当中考虑的外在因素和目标导向，而激励才能鼓舞人心，要让管理人员的主观能动性得到进一步的发挥，需要构建行之有效且具有持续性的融入教育工作激励机制保障，以此来推进融入教育工作的创新发展。在现代管理活动中，激励是一种十分重要的方法和手段，通过激励作用的发挥，能让被管理群体的积极性不断提升。这是高校党委在顶层设计当中的内在因素，具体表现为学校党委制定激励方案，使二级学院（系）党组织、学生党支部和学生党员能在工作当中不断地超越设定的条件，从中肯定自我能力获得价值感和成就感，并在实施过程中发挥应有的作用。

高校应该从不同层面调研和收集二级学院（系）党组织、基层学生党支部在推进融入教育工作实际需要的基础上，设计和构建的切实可行的激励机制和实施方案。同时，可以考虑通过支持二级学院（系）党组织创新中华优秀传统文化载体平台、设立专项工作资金、开展专项课题研究等方式，鼓舞基层党建工作者创新、创造的激情。对于融入教育工作完成效果较好的二级学院（系）党组织、学生党支部或党务工作者给予荣誉奖励，或考虑适当增加今后申报各项教育活动的经费，激励组织或个人对融入教育工作的积极性。同时，要及时总结和大力宣传相关成功经验，使其为其他党组织开展中华优秀传统文化教育活动起到示范作用。

二、提升专业素养，强化专业队伍

（一）优化融入教育党建队伍评聘管理

完善队伍建设是推进融入教育工作的重点，要借助融入教育活动的引入，促进高校党建队伍的高质量发展。

第一，打造融入教育人才队伍配备。在现有党建队伍中，选聘综合素质较高、学习能力较强的人员，或“双带头人”党务专兼职人员，积极打造一支素养、技能较高的工作团队。将选聘党建人才队伍建设纳入总体目标，要从机构的科学配置以及队伍的健全优化的维度出发。用好该队伍深入研究中华优秀传统文化所蕴含的丰厚优质资源，探索新途径和新方法，有效推进高校学生党员教育。

第二，晋升制度和减免工作量双结合，提升队伍稳定性。对融入教育党务专职人员设置职务职级“双线”晋升制度，针对工作中有突出贡献者额外给予精神和物质等奖励。另外，兼职人员试行减免行政工作量或教师工作量，同时给予额外工作量奖励费用，每月按照70%发放，年底考核合格给予剩余的30%。

第三，以老带新，推陈出新。高校党务工作者中较多为刚硕士毕业的辅导员或教师，在工作中需要由经验较为丰富的党务工作者按照“手把手，一带一”的原则，把方式方法亲自传授给他们。同时，学生党员队伍间开展新时代新风尚的融入教育活动，以朋辈心理、朋辈行为影响教育其他学生党员，以此在推进融入教育工作中不断创新融入教育工作方式和方法，完善融入教育工作队伍建设。

（二）加强融入教育党建队伍专门培训

传道者自己首先要明道、信道。高校党务工作者中华优秀传统文化教育水平的高低是制约融入教育最终效能的重要因素。在高校党建工作队伍面临年轻化、综合素质有待加强的情况下，应组建具有高素质文化理念的高校学生党员教育党务工作队伍，加强党务工作者对中华优秀传统文化资源的研究认识，提升自身文化素养。因此，对党务工作者的培训尤为重要，必须合理地制定培训方案，让培训具有实效性。

第一，拓宽党建工作队伍培训培养的覆盖面。目前来看，高校基层党支部书记参加校内或校外学习培训的机会稍微多一些，但普通党务工作者或学生党支部委员们参加学习培训的机会较少。故此，高校党委、二级学院（系）党组织应将培训覆盖面拓宽，应考虑专兼职人员，甚至要考虑学生支部委员和学生党员骨干。

第二，把中华优秀传统文化教育内容融入培训内容，提升党建工作队伍的专业化水平。党建工作队伍的培训内容不应只有增强党务工作业务知识，还需要将中华优秀传统文化的丰富内容持续性地融入培训中，让党务工作者能理论联系实践，努力熟悉和掌握中华优秀传统文化蕴含的思想内涵，做到知其言更知其义，知其然更知其所以然，培养具有较高文化素养的党务工作者。

第三，减少时间成本，采取线上和线下相结合的培训形式。线下培训要有效实现拓宽培训覆盖面，需要更多的时间和精力，很多时候都有部分人员因请假或忙于工作而达不到培训效果。因此，要采用线上和线下相结合的培训形式，线下合理安排时间，线上多渠道丰富学习内容并加强线上互动，提高教育培训的效果。同时，要将培训内容成果化。为使培训取得一定的效果，党建工作队伍真正有所收获，将每次培训所学的中华优秀传统文化知识以个人或者小组的形式形成理论成果，在所在学院进行分享。通过分享成果，可让更多党建工作者从中受益。或者让每次培训的党建工作者带领学生党员对中华优秀传统文化进行课题研究，这样可以让党建工作者将所学知识传授给学生党员，同时学生党员的科研能力和实际操作能力也可以得到提高。

三、强化资源整合，完善资源库

（一）挖掘整合融入教育资源

在实践工作发展的过程中，要对不同的资源要素有明晰的认知，要了解不同资源要素之间的规律性，通过系统性、综合性的理论体系的构建，让资源的优势作用得到进一步的发挥和凸显。在高校大学生党员教育教学活动开展过程中，要积极引入中华优秀传统文化资源要素，准确认识中华优秀传统文化蕴含的立场观点、方式方法、道理学理哲理，对各种优秀的文化资源要进行深入的挖掘和透彻的分析，重视和加强对中华优秀传统文化资源的开发运用，形成系统的中华优秀传统文化资源认知和应用体系。在挖掘和开发过程中，不只是单一的维度，如以传统文化或者革命文化进行活动的开展，还应运用中华优秀传统文化资源从整体角度有效作用于高校学生党员教育。

加大对中华优秀传统文化教育资源的开发整合力度。高校在学生党员教育过程中，要想充分发挥中华优秀传统文化资源的价值，就要加强对中华优秀传统文化教育资源进行系统的开发与整合。其一，需要各党政部门、各二级学院（系）党组织、基层党支部的责任人员在高校党委的统一部署和领导之下，明晰权责，根据整体运行、综合性开发的思路，对中华优秀传统文化资源进行归纳整理，同时要注重保持中华优秀传统文化资源的时代性、民族性、继承性和创新性，形成一套包含理论学习、实践学习、网络教学、校园文化活动等层次分明、结构完整的大学生党员教育体系。用此教育体系方便学生对中华优秀传统文化资源的认识和了解，更好地发挥中华优秀传统文化资源的功能效用。其二，深化“党建+”教育融合，发挥高校党建工作的政治核心作用，推动高校党建与中华优秀传统文化育人事业深度融合，构建“党建+”育人体系，形成如“党建+”业务融合、“党建+”公寓建设、“党建+”中华优秀传统文化教育微课、“党建+”团支部建设、“党建+”家校互动等各种工作链条。在充分发挥党建引领作用的同时，从各渠道中挖掘中华优秀传统文化资源，深度融合“党建+”学生教育，发挥文化育人功能。其三，高校党委联合政府、社会资源等各界力量对中华优秀传统文化资源进行挖掘整合，尤其是对高校所属地区的中华优秀传统文化资源进行整合梳理，党、校、政共同做好文化资源开发规划，打造一批中华优秀传统文化资源教育基地示范点。

挖掘和构建高校学生党员教育价值体系。《关于加强和改进新形势下高校思想政治工作的意见》对中华优秀传统文化的弘扬工作提出了明确的要求，要在高校的教育教学活动中引入这一个资源要素①。在探寻中华优秀传统文化教育资源对大学生党员教育的价值引领作用的过程中，促进中华优秀传统文化资源价值的有效发挥，要注重对传统文化的发展和继承，不断改革创新大学生党员教育，将中华优秀传统文化资源所蕴含的爱国主义、艰苦奋斗、廉洁奉公等信念，引入大学生党员爱国主义教育、理想信念教育。在对中华优秀传统文化资源开发整合，加深高校对中华优秀传统文化资源系统认识的基础上，挖掘中华优秀传统文化资源在高校学生党员教育工作中的价值运用，发挥其育人功能。搭建两个教育载体，以红色故事等代表性案例为载体提升教育品质，以高校中华优秀传统文化课题等代表性成果为载体促进育人效果。

（二）丰富创新融入教育手段

高校学生党员教育要充分发挥中华优秀传统文化资源在大学生党员教育的主导作用，挖掘中华优秀传统文化资源的时代价值。除线下载体如“三会一课”、实践教育等发挥各自效用外，还要建立校内外实践基地，搭建线上网络平台，充分发挥资源和平台的实效，有效推动中华优秀传统文化在大学生党员教育工作中的实施运用。

大力整合中华优秀传统文化资源，构建高校学生党员教育新媒体平台。首先，组建师生共建团队，团队成员从多渠道、多层面和多角度整合中华优秀传统文化资源，搭建网站、微信和App等新媒体平台。其次，积极调动社会各界的优秀网站资源，便于党务工作者、学生党员甚至感兴趣的普通大学生进行线上查阅，积极地学习中华优秀传统文化，提升这一个群体对中华优秀传统文化的关注程度，优化其知识体系。同时，要及时反馈大众对平台的建议，便于更好地完善平台，发挥更好的效果。最后，充分利用新媒体平台从理论学习、学术研讨交流到影像资料等形式多样的教育教学，使高校学生党员从不同的角度解读中华优秀传统文化，以线上线下相结合的方式让高校学生党员打破时间和空间的限制，方便快捷地掌握高质量的中华优秀传统文化教育资源。

优化网络环境，提升学习空间。互联网对人们生活的影响已经无孔不入、随处可见，新媒体平台已经在高校学生党员教育中成为重要教育平台。将中华优秀传统文化资源嵌入网络环境中，能让高校学生党员摆脱时间、空间的限制，实现时时学、处处学，从而使教

---

① 曹静，王小莉，花艳．社会主义核心价值观融入大学生党员教育的四个维度［J］．高校辅导员学刊，2016，8（4）：16-19.

育不再只局限在课堂上，可随时随地获取教育资源，从而提升教育实效性。

建立校内外实践教育基地。社会实践是人的正确思想形成发展的源泉，是人的思想发展的动力，更是思想认识的目的和检验人的思想的标准。首先，校内实践教育基地可以中华优秀传统文化墙宣传为主体，分不同的板块，实时更新。不同二级学院（系）可以同时建立不同板块内容的校内小型实践教育基地，相互可以交叉参观学习，达到资源共享。其次，校外实践教育基地需要国家、社会和高校资源融为一体，高校加强与政府、社会沟通，让校外实践教育基地辐射范围更广、受众面更宽、教育内容更丰富、方法更多元化。最后，充分运用实践活动来引导大学生党员把所学中华优秀传统文化知识运用于大学生的学习生活中。这一过程是让大学生党员了解社会活动、提高自身文化素养、促进自身健康发展的有效途径。

四、激发内在动力，提升高校学生党员自我教育能力

（一）提升大学生党员文化认知能力

要通过有效的宣传和教育引导，促进广大的大学生党员群体对中华优秀文化有更为明确的了解和认知。通过调查可以看出，有一些大学生党员并没有深刻了解中华优秀传统文化的基本内涵，其接触更多的是革命文化，对传统文化的了解还远远不够。所以，高校学生党员教育需要提升大学生党员对中华优秀传统文化的认知水平。

高校学生党员教育应推动中华优秀传统文化内容融入，使大学生党员更好、更全面地掌握中华优秀传统文化所蕴含的时代价值和精神追求，从而提升大学生党员的自身塑造能力。提升大学生党员对中华优秀传统文化的认知水平，需要高校学生党员积极学习中华优秀传统文化所包含的理论知识及蕴含的价值。自身可以通过多种渠道获取资源，如在教师的教学当中获取或有效利用课余时间通过网络、书籍品读经典原著、党史文化。通过对一系列文化作品的学习，激发自身对中华优秀传统文化资源的兴趣与认知。同时，通过理论联系实际，不断创新思维，注重改进方式方法，内化于心、外化于行，最终提升自身综合素质。

（二）提升大学生党员以知促行能力

马克思主义人的全面发展理论当中明确地提出："人类社会活动的一切动因和主题来自人的活动，人的全面发展正是人类一切活动的终极目标和实现形式。"[①] 实际上，人的全面发展会存在着不同维度上的关联性，并发挥着人的自我能力。因此，在中华优秀传统文化融入教育工作中，高校应从方方面面营造教育环境，在实践教育工作当中要不断地提升

① 于雅岑．以建国七十周年为契机加强高校中华优秀传统文化"嵌入式"教育研究［J］．中国文化研究，2019（2）：78-85.

当代大学生党员的自我教育能力，只有这样才能为大学生党员的全面发展打下基础。

加强高校学生党员自觉学习了解中华优秀传统文化内涵价值的主动性。基层党建教育工作者将中华优秀传统文化融入高校学生党员教育时，首先要让大学生党员清楚地知道为什么学，特别是加入党组织后，要通过教育促进自己的思想得到真正的转变，在学习的过程中也要经常进行自省活动，要实现从被动学习向主动学习的转化。由学生自发举办中华优秀传统文化品学活动、中华优秀传统文化演讲活动、中华优秀传统文化视频拍摄活动等学生党员喜闻乐见的活动。同时借助“学习强国”等平台，拓宽学生党员对中华优秀传统文化的学习视角。

注重大学生党员学习中华优秀传统文化知识日常化。要抓在平常、融入经常，严格起来、严肃起来，把中华优秀传统文化教育融入日常的教育工作中。文化教育是最为关键的学习内容，大学生党员要将个人学习和集体学习进行高度整合，选择更加科学的学习方法，并从已学的中华优秀传统文化知识中增加文化自信，带动身边的大学生践行社会主义核心价值观。

第二节　中华优秀传统文化融入高校思想政治教育的路径

一、推动思政课程与课程思政的教学改革与创新

（一）提升教师运用传统文化的能力

扎实深厚的文化素养是推动思政课程和课程思政的原生动力，打造一支学科知识基础完备、传统文化底蕴深厚的教师队伍不仅有利于激发大学生主体的求知欲，更能通过情感和精神上的共鸣耦合个人意识形态自觉和社会价值共识。

积极鼓励高校思政课教师和专业课教师主动学习中华优秀传统文化。一方面，引导教师在不偏离学科教学范围的前提下，有切入性地剖析中华优秀传统文化的价值底蕴和人文精神。学习内容和手段灵活自由，比如，研习传统文化经典原著和学术论文、解读党和国家出台的与传统文化相关的政策文件、观看具有传统文化元素的视频等，让教师在充分结合自身的学习兴趣和专业领域的前提下增强对中华优秀传统文化的认同感。另一方面，高校可以搭建传统文化教育培训平台，保证每一名思政课教师、专业课教师以及学生辅导员都能切身参与其中，共同领略优秀传统文化的时代魅力，提高施教水平和文化素养，以传统文化精神反哺教学，从而形成思政课程与课程思政的高度自觉。

高度重视中华优秀传统文化对高校思政课教师和专业课教师的亲和力、感染力。这种亲和力、感染力的发展犹如“实践—认识—实践”的规律一般，教师在自主学习的过程中去芜存菁、情感共鸣，刷新对中华优秀传统文化的认知高度，而又通过具有亲和力、感染

力的教学实践以情载理，落实立德树人这一根本任务。一所博物馆就是一所大学，各高校应结合地缘优势和本土文化资源大力开展传统文化实践活动，让思政课教师和专业课教师感受到优秀传统文化的亲切感，完善课堂教学素材，并通过情感交融的课堂形式引导广大学生知行合一，用毕生所学为中国特色社会主义事业贡献力量。

（二）打通学科专业壁垒协同构建课程思政体系

思政课程是开展育人工作的主渠道，起到显性教育的作用，而课程思政是一种润物于无声的教学理念，对大学生理想信念的建设起到隐性教育的作用。打通各学科与专业之间的壁垒、打破单方面一枝独秀的局面，从而推进思政课程与课程思政同向同行、协同发展。

打通自然科学与人文社会科学壁垒，提炼具有德育功能的人文价值。在思想政治教育工作开展的过程中应立足于整个社会历史的现实情况，增强科学意识和学科意识[①]。无论是自然科学还是人文社会科学，都应围绕马克思主义思想这一主线，在教学过程中多从中华优秀传统文化里汲取营养，由浅至深、由点及面，也可以通过选取学科代表人物、典型案例等方式增强与学生群体的互动，引发大学生主动思考将优秀传统文化中的人文价值内化为自身的品德修为。当然，在这一阶段还应避免“课程思政形式化”的现象，思想政治教育成果的获得需要全员、全过程和全方位的共同配合，课程思政的成效无法一蹴而就，这也启示我们在构建课程思政体系的进程中眼光要放长远，稳扎稳打，杜绝形式主义。

依托本土传统文化资源，融合校风编撰校本教材。虽然大部分高校都已经采用新媒体的方式授课，但教材在大学生心中的权威地位依然无可撼动。传统文化的百花齐放让先哲们的智慧结晶遍布华夏大地，如贵州省雷山县的苗绣、老北京的皮影戏、南京的云锦、四川的变脸等享誉全国，这些都可以走进校园甚至是课堂。而当下的青春楷模们，如四川凉山年轻的救火队员、边境冲突中誓死捍卫国土的戍边战士，用青春诠释了“先天下之忧而忧”的篇章，这些精神财富都应被载入大学传统文化教育教材。因此，结合本校的学风、校风和校训，立足当下思想政治教育的现状，依托本土传统文化资源，编撰出一系列具有本土特色、时效性强的校本教材更能激发大学生“天下兴亡、匹夫有责”的爱国主义情怀和“创新发展孺子牛”的进取精神。

（三）挖掘优秀传统文化资源创新课堂教学方式

创造性转化和创新性发展要求传统文化与现代文化相协调、与社会潮流相适应，思政课程和课程思政的教学改革和创新应以学生为本，适当融入符合当代大学生身心发展和思想升华的优秀传统文化价值理念，灵活运用各类教学手段和教学方式。

首先，各门学科都应将以爱国主义为核心的民族精神融入课堂。“为谁培养人”这一

① 韩华．思想政治教育史研究：回顾与前瞻［J］．思想理论教育，2015（1）：36-41.

话题作为我国教育系统的根本问题之一，在传授科学文化知识的同时应重视思想层面的引导，培养社会主义高层次人才。其次，要注重培养大学生的改革创新精神。中华优秀传统文化作为世界古文明中唯一没有中断过的文化，正是由于随着历史的长河一直不断创新发展。培养创新型人才，需要高校教师在实验、课堂中点拨和启发，引领当代大学生跟上经济、政治和社会发展的趋势，牢牢把握住创新型社会发展的先机。再次，开设仁义礼智信方面的公共课程。当下许多大学生是独生子女，成长环境优渥、被照顾得全面周到等特点致使他们较为普遍地存在团体意识淡薄、个人色彩强烈等问题。适当开展仁义礼智信专题课堂教学有利于提升大学生个人思想道德修养，树立团结互助的集体观和大局观。最后，通过开设专题类课程帮助大学生树立崇高的理想信念。开设专题类课程应重视中国特色社会主义理论的大众化发展，宣传大学生群体喜闻乐见的优秀传统文化。比如，开展“社会主义核心价值观”专题讨论沙龙、“振翅”读书会等，在专题活动中将深奥晦涩的理论转化为灵动通俗的案例和故事，潜移默化地引领大学生树立崇高的理想信念。与此同时，中华优秀传统文化融入大学生政治教育需要高校教师作为介质起到话语转化的深层作用，更好地继承优秀传统文化，实现以文化人。

二、构建中华优秀传统文化实践育人的新模式

（一）社会层面创造优秀传统文化育人环境

首先，应注重中华优秀传统文化传承基地的维护和建设。比如，长春的长春电影制片厂、一汽博物馆，成都的武侯祠、杜甫草堂，延安的红色基地等。持续跟踪相关配备硬件和软环境发展情况，配备齐全专业、传统文化素养深厚的讲解员，面向高校大学生开放实习名额并给予部分优惠政策，使大学生于寓教于乐中增强与优秀传统文化的黏性，有利于其产生思想上、情感上、精神上的共鸣，从而扩大社会优秀传统文化育人的影响力。

其次，街道、社区应牢牢把握住中华传统节日、重要纪念日节点的宣传契机。比如，学雷锋纪念日、五四青年节、八一建军节等。主题实践活动的开展可形成正能量的舆论导向，引导广大学生领悟开拓创新的“拓荒牛”精神，在传承优秀传统文化的同时进一步促进社会范围内社会主义核心价值观的传播。

最后，鼓励广大学生积极参加寒暑假期“三下乡”、志愿性社会活动，并出台相关奖励机制。针对有需求的地区精准开展定点帮扶社会实践，大学生在实践中发扬艰苦奋斗的“老黄牛”精神，实现对中华优秀传统文化从认知到理解、从认同到实践的升华。在社会层面开展创造浓厚优秀传统文化育人环境的工作是渐进的、充满荆棘挑战的，需要各个部门上下一心、排除万难，强化自身的责任担当和使命，成为中华优秀传统文化融入大学生思想政治教育工作坚定的后备力量。

（二）学校层面形成优秀传统文化多方联动育人合力

影响大学生思想形成的因素是全方位、多领域的，优秀传统文化育人格局的构建需要

学校、家庭、社会各部门在教育事业上互通有无、有机联动，形成强大的育人合力和向心力。

首先，家校间增加沟通频次。高校应配备健全的辅导员队伍，鼓励辅导员积极与学生家庭保持紧密联系，尤其是需要重点帮扶的对象，将家访、电话问询等落到实处，有效地利用微信群、QQ群等沟通媒介，以精练、高效为原则定期与群内家长保持沟通，帮助大学生家长强化教育主人翁意识，以此高度重视家庭教育的作用。

其次，社校间统筹协调、相互配合。学校应从社会中汲取优质的资源，施行“走出去”与“引进来”相结合的举措，社会相关部门充分利用公共宣传平台，如公交站点、广场、公园宣传栏等，大力宣传中华优秀传统文化，潜移默化地影响大学生文化自信的养成。同时，增进与各企事业单位间的沟通，为大学生提供多元、有价值的实践实习机会。

最后，家社间相互促进，共同成就。无数个小家构成了社会大家，家庭的和谐与否牵动着整个社会的幸福指数，也间接关乎优秀传统文化的传承与发展。所以，每一名家庭成员都要为良好家风的形成付诸努力，重视和弘扬“孝”文化，共同为文明、和谐、诚信和友爱的社会发展巩固根基。同时，社会的繁荣发展也反作用于每一个家庭，带来思想上、精神上和心灵上的温暖慰藉。

（三）家庭层面养成优秀传统文化育人自觉

良好的家风建设是大学生养成良好习惯和健康发展的必要条件，有助于大学生树立正确的世界观、人生观、价值观。相较于高校而言，家庭教育对大学生思想政治方面的影响的针对性和持久性更佳，教育效果更为直接深入。因此，在家庭范围内形成优秀传统文化育人自觉便于思想政治教育工作的展开。

首先，家庭成员应明确育人主人翁意识。许多家长因为事业忙于奔波，或存在盲目认为成年大学生只需接受高校教育的误区，往往忽视了自身的教育主体责任。家长应立足于信任、包容、平等和尊重的出发点，努力提升个人技能素质和综合素质，为子女做好模范表率，更好地传承中华优秀传统文化伦理观念和孝道文化，在保证子女丰富的物质条件的同时，兼顾精神世界的充实。

其次，家庭成员要养成优秀传统文化育人的自觉性。比如，在“快餐式学习”的趋势下仍坚持培养子女读好书、读原著、品经典的习惯，在信息碎片化的时代仍保持清醒的头脑和独到的见解，辩证地利用好辅助学习的智能设备；或通过中国书法、绘画、象棋等传统文化载体，培育子女宠辱不惊、持之以恒的心境。

最后，家庭成员要摒弃“唯分数论”的不良教育理念。应试教育衍生的内卷效应是一个顽瘴痼疾，它让大学生思政教育逐渐偏离了本质。孔子曾言“不学礼无以立”，家长在盲目追求子女的优良学业成绩的过程中更要重视中华优秀传统文化中仁爱、德才兼备等育人资源的意义，用发展的眼光科学带领子女拓宽视野、践行真知，努力构建中华优秀传统文化育人新模式，致力于培养内外兼修、全面发展的有为青年。

三、开展高质量中华优秀传统文化主题校园文化活动

（一）发展社会主义先进文化引领校园新风尚

社会主义先进文化作为中国文化三大主流之一，仍处于不断完善和建设的状态。如今我国正处于百年未有之大变局，社会主义先进文化在多元化的社会思潮和文化冲击下仍起到坚定的引领作用，为中国特色社会主义事业的发展注入源源不断的动力。因此，高校应高度重视中华优秀传统文化与社会主义先进文化的契合，以社会主义先进文化引领校园新风尚。

高校应抓住大学生群体求新求异、追求潮流、乐于接受新鲜事物的特点，紧密结合学校社团发展情况，举办校园文化艺术节、高校巡回展演等，将诸如汉服、诗歌等优秀传统文化元素渗透校园文化的各个方面，并积极引入高雅艺术进校园，陶冶大学生的艺术素养，增强对中华优秀传统文化的认同和热爱，形成以社会主义先进文化引领校园文化新风尚的局面。

（二）打造具有学校自身特色的品牌校园活动

耦合中华优秀传统文化与校园品牌文化活动的德育功能，着力将优秀传统文化的时代价值深度融入大学生校园文化，打造具有学校自身特色的品牌校园文化活动，增强大学生对优秀传统文化的归属感和自主性，推进大学生思想政治教育工作深入开展。

传承经典，建立常态化活动机制。校园文化活动是大学生自我教育、自我管理和自我服务的主要渠道之一，具备一定的号召力和感染力。传承优秀传统文化经典，建立常态化活动机制有利于大学生良好人文素养的养成。因此，高校应切实提高优秀传统文化在思政教育过程中的比重，积极开展“读原著·读经典”、传统文化主题教育践习、非物质文化遗产进校园等品牌化活动。除此之外，更要积极引导大学生广泛参加“互联网+创业大赛”“挑战杯”等科研类竞赛，鼓励文科学院学生围绕传统文化的延伸和发展申请立项，创造广泛持久、良好深入的学术氛围，实现中华优秀传统文化理论性和实践性的统一。同时，高校还应做好后续跟踪工作，做好大学生思想方面的动态化管理，保证传统文化素养内化为大学生的身体力行。

融合文体，健全理想信念养成机制。优秀传统文化与文体活动的融合有利于大学生养成正确的理想信念，在这一过程中也凝聚成高校独一无二的核心价值理念。一方面，应聚焦大学生的兴趣爱好关键点，积极开展文艺活动、社团嘉年华、羽毛球比赛、篮球比赛等，全面多元地营造出和谐温馨的育人环境。另一方面，应紧密联系办学特色和现实发展需要，通过校训精神引领大学生树立爱党爱国、慎独省察、求实创新、勇于担当等价值理念。

总之，要将优秀传统文化的时代价值与学校办学过程中的物质文化和精神文化紧密结合，在传统文化的创新性发展中凝练历久弥坚的校园文化精神，进而更好地发挥传统文化的育人作用。

（三）借助当地红色文化实现与中华优秀传统文化的交融

各高校应合理运用地域优势、自然资源和校本素材，实现大学生思想政治教育的常态化、制度化和合理化。

例如，赣南师范大学根植赣南苏区，结合地域优势绝妙地将伟大的“苏区精神融入课堂教学、校园文化、社会实践、研究咨询、宣传教育五个方面，切实提升了红色文化育人的吸引力、凝聚力、渗透力、影响力和辐射力”①。赣南师范大学用实际经验诠释了立德树人的根本任务，在革命文化与校园文化活动融合这一课题中起着“范本”作用。革命文化和中华优秀传统文化作为文化自信的重要源泉，在育人效力方面有所契合，也为中华优秀传统文化融入大学生思想政治教育提供了良好契机。

再如，处于东北中部的吉林省属温带季风气候，冬季长而多雪，因此吉林省凭借地域优势面向大学生开展滑雪、滑冰等冰雪运动，既响应国家实施健康中国行动、提升大学生身体素质，又有利于培养大学生顽强拼搏、果敢勇毅的优秀传统文化精神。吉林省还结合东北沦陷史陈列馆、长春电影制片厂、东北民主联军四平保卫战指挥部旧址、东北抗日联军纪念园等当地红色素材，在学校范围内鼓励成立红色文化协会、宣讲社团等学生组织；营造浓厚的校园文化仪式感，利用重大纪念日、节日节点，开展诵读会、大合唱比赛、广播站播报等活动，充分发挥网络新媒体的宣传优势，帮助大学生形成自强不息、不屈不挠的优秀传统文化精神和品格；鼓励师生深入研究并申报革命文化与传统文化主题相关的课题、项目、实验等。

四、善用网络新媒体打造“互联网+思政”教育新体系

（一）营造“互联网+思政”教育氛围

互联网的发展让当代大学生对其产生严重的依赖感，思想政治教育工作与互联网的深层融合恰巧符合因时而进、因势而新和因事而化的原则，营造“互联网+思政”教育氛围既保证了优秀传统文化的新发展，又有助于构建“大思政”育人环境。

大力普及思想政治教育网络化。很多专家、教师潜心科研，对于网络化教育持怀疑态度。因此，应定期组织校内智能设备应用主题的培训会，通过细致的实操讲解消除部分教师心中的顾虑。在日常管理、备课和教学环节中巧用微博、社区、贴吧等网络媒体，在保

① 肖池平．传承红色基因打造育人品牌——赣南师范大学坚持以苏区精神和红色文化育人的探索与实践［J］．江西教育，2016（31）：22-23.

留中华优秀传统文化理论精髓的基础上融合大学生当下流行、喜爱的新鲜元素，打破“线上”与“线下”的鸿沟。同时，增强中华优秀传统文化与慕课的黏性。网易公开课、MOOC、超星公开课等慕课平台都是我国教师常应用的软件。虽然我国是全球慕课课程最多的国家，但大多为专业型和技能型课程。因此，高校可以通过外聘专业的国学讲师，邀请文化底蕴深厚的教师、专家、学者等方式打造传统经典慕课，激发思想政治教育创造新活力。

全面建设绿色思想政治教育环境。互联网在拓宽大学生思想政治教育渠道的同时也带来了一系列艰巨的挑战。一方面，要净化网络生态环境。需要学校数字媒体中心、网络监管平台、社会相关部门形成合力，共同做好管理、维护和监督工作，扫除互联网平台中消极的、怠慢的、错误的社会思潮和不良思想，紧紧守住网络思想政治的责任。另一方面，用优秀传统文化精神滋养思想政治生态。选取感动中国人物的事迹片段、社会主义核心价值观宣传片、情理交融的公益广告等素材传播正能量，营造阳光向上、积极乐观的思想政治生态环境。

（二）打造“第三课堂思政”教育平台

在今天，网络已经发展为与以教学为主线的第一课堂、以学生课外活动为辅助教学的第二课堂并列的第三课堂。打造“第三课堂思政”教育平台有利于更极致地整合“线上”“线下”教学资源，实现中华优秀传统文化与大学生隐性教育的无缝衔接。

打牢“第三课堂思政”教育平台基础。凝聚各界力量共同创办中华优秀传统文化元素热门应用，调动知乎、微博、公众号、小程序等网络媒体参与度，形成相对稳定、知识架构完备、文化内容极致的“第三课堂”局面。借鉴互联网平台受众度高的传播方式，鼓励广大学生针对眼下社会热点问题融入专业所学，以小视频、动画设计、原创歌曲、暖心文案等方式增强中华优秀传统文化的深度；形成“学习强国”“新时代 e 支部”“反思与奠基”等软件、公众号的学习热潮，拓宽中华优秀传统文化的厚度；调动具备一定网络影响力的思政学科带头人如冯秀军、陈果等优秀专家学者直播授课的热情，使思政“金课”的渗透效果更为广泛深远，延伸中华优秀传统文化的广度。

融入当下市场流行元素，打破传统文化与各界的壁垒。借鉴“学习强国点点通”的激励政策，尝试推出传统文化主题知识问答、经典名著配音、诗词名句赏析等模块，大学生通过参与模块活动换取一定积分，不同分值的积分对应不同的金额。第三方平台通过融入公益、电子商城等元素，让大学生通过学习传统文化获取的金额捐献给全国各地的公益组织，或者用于抵用购买日常用品的部分金额等。这项举措在打通传统文化与经济社会壁垒的同时，既满足了大学生的实际需求，又大大增进了优秀传统文化与大学生思想政治教育的黏合性和交互性。

（三）构造“智能化思政”教育模式

国务院印发《新一代人工智能发展规划》，提出运用智能技术加快推进人才培养方式、教学方法改革，构建涵盖智能学习、交互式学习的新型教育体系。开展智能校园建设，推进人工智能在教学、管理、资源建设等全流程应用。由此可见，“智能化思政”的教育模式是一项具有前瞻性的育人方式。

构造“智能化思政”新模式亟须智能思政教材、智能思政授课和智能思政实践三方面架构。首先，高校应及时搭建5G物联网以保证校园范围内物物交互的可行性，将国家统一编写的思政教材与高校云计算、大数据、多媒体等资源深度融合。同时，充分利用5G泛在网的优势，第一时间同步并备份习近平新时代中国特色社会主义思想的最新成果以供教师和大学生群体在第一时间汲取马克思主义中国化的结晶。随时更新传统文化校本教材，利用5G低时延的优势与省内以及全国高校形成有机整体，实现全国思政校本教材与各地优秀传统文化的有机联动。其次，教师应会用、敢用、善用智能思政授课方式。智能的神奇之处在于能打破时间和空间的限制，通过VR、AI技术打造虚拟但体验感极佳的教育环境。教师可以通过真实的智能课堂再现不朽的“万里长城”，亲身感受“初惊河汉落，半洒云天里”的壮观气魄以及美不胜收的剪纸作品等。教师更要敢用智能技术，调动大学生互动的积极性，一同参与到课程主题、课程教案、课程视频音频的制作中，拉近大学生与中华优秀传统文化的距离。教师还要善用智能授课方式。教学手段服务于课堂但不限于课堂，大学生对于新鲜事物的热忱度极高，应避免课堂泛娱乐化、新鲜化的情况。最后，合理开展智能思政实践活动。2020年全国大学生共上一堂思政课的反响热烈，各大高校可以将时间成本和人力成本稍高的实践活动以一种全新的方式在云端开展，让大学生群体在碎片化的时间内能够领略祖国山河的秀美、惊叹改革开放的成就、感受中华诗词的魅力。

第三节 中华优秀传统文化融入高校爱国主义情感教育的举措

中华优秀传统文化与爱国主义情感教育的融合是一个复杂的过程，需要探索两者之间的融合路径，从而提高爱国主义情感教育的实效性。

一、丰富中华优秀传统文化融入爱国主义情感教育的内容

将中华优秀传统文化融入爱国主义情感教育，首先必须明确融入的内容。中华优秀传统文化除了爱国主义思想外，还有生态观念、伦理观念、政治观念和哲学观念等，但是并不需要将所有内容都融入爱国主义情感教育，因此必须进行内容上的系统性整理，明确融入的内容是开展爱国主义情感教育的具体要求。

（一）完善融入的课程体系

增加中华优秀传统文化在高校课程中的比重是实施融入的前提。无论是在有关爱国主

义教育的实施意见中，还是在有关传统文化的指导纲要中，国家都提出要把它纳入高校课程和教材体系。

首先，把中华优秀传统文化纳入教材体系。大部分高校有传统文化教材，一方面，可以对原有的教材进行修订，突出教材中的传统爱国思想，如《中国文化概论》《中华传统文化》《大学语文》等，可以设置单独的有关传统文化爱国内容的章节。另一方面，编写专门针对爱国情感教育的优秀传统文化教材，还可以按照不同城市编写具有地域特色的传统文化教材等。

其次，高校要建设完善的中华优秀传统文化课程体系。思政课是所有专业都开设的课程，具有基础性、全员性的特征，而爱国主义教育是思政课的重要内容，中华优秀传统文化可以与思政课相互合作，共同实现培养大学生爱国情感的教育目标。比如，开设“传统文化与道德修养”“传统文化与核心价值观”课程。还可以开办与各个专业相联系的课程。比如，医学专业的可以开设有关传统中医学的历史和成就的课程，音乐专业可以开设中国传统音乐课程，理科类的可以开设古代中国科技史课程。这样，在充分了解自己学科专业的根源和成就的同时，加深对优秀传统文化的学习，可进一步加深对祖国的感情。除此之外，还应该开设更多种类、更加全面的传统文化课程，满足学生对传统文化的学习兴趣，从而提高爱国主义情感教育的实效性。比如，很多大学生对传统礼仪感兴趣，开设此类课程可以引起学生学习的积极性，同时在学习古代中国对外交往的传统礼仪中可学习到古代的外交思想，有助于培养大学生的历史观和大局观。

（二）加强民族历史教育

历史是一个民族、一个国家形成、发展及其盛衰兴亡的真实记录。知史爱国，对中华民族历史的了解是激发爱国情感的来源。学习中华民族的历史，要了解中国的地理位置和秀美山河，培育大学生对国家这片土地的敬仰和热爱；学习中华民族的历史，要了解中华民族光辉灿烂的文化和伟大的成就，加深对民族复兴使命的认同感；学习国史，学习中华民族的开拓史和创造史，从中汲取经验，有助于我们进一步了解中国特色社会主义的历史。总之，将民族历史纳入学习内容，可以唤醒我们对于祖国的回忆，增强我们对于祖国的情感。

我们需要加强历史的正面教育，突出民族历史中的辉煌成就，在时刻警醒的同时不断增强文化自信。例如秦始皇兵马俑，它是雕塑领域的皇冠，为民族历史增添了高度，向世界展现古代中国人民的智慧和技术。还有西藏布达拉宫、苏州园林等著名建筑，它们以自己独特的建筑魅力展现着我们中华民族曾经辉煌的历史。这些文物建筑增强了我们的民族自信心，激励了实现中华民族伟大复兴的信心。

（三）加强爱国情怀教育

中华优秀传统文化中蕴含着丰富的爱国情感资源。有希望国家停止战争、人民能够安

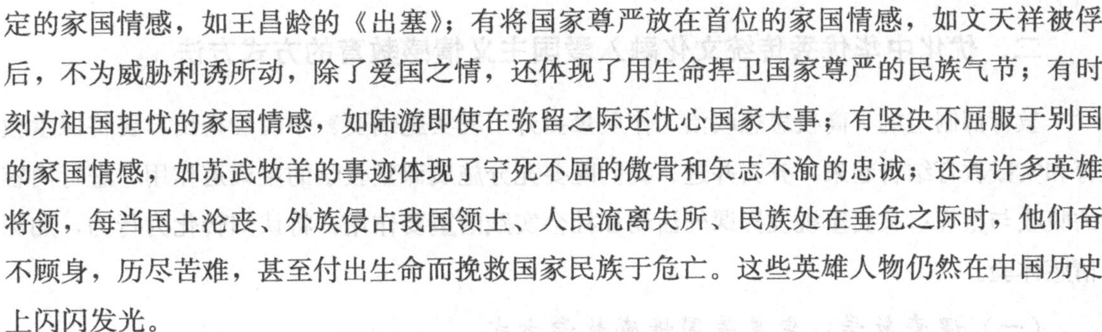

定的家国情感，如王昌龄的《出塞》；有将国家尊严放在首位的家国情感，如文天祥被俘后，不为威胁利诱所动，除了爱国之情，还体现了用生命捍卫国家尊严的民族气节；有时刻为祖国担忧的家国情感，如陆游即使在弥留之际还忧心国家大事；有坚决不屈服于别国的家国情感，如苏武牧羊的事迹体现了宁死不屈的傲骨和矢志不渝的忠诚；还有许多英雄将领，每当国土沦丧、外族侵占我国领土、人民流离失所、民族处在垂危之际时，他们奋不顾身，历尽苦难，甚至付出生命而挽救国家民族于危亡。这些英雄人物仍然在中国历史上闪闪发光。

中华优秀传统文化中的爱国情感大多体现于民族危难之际和战争之中，是用生命、鲜血和汗水铸造起来的，所以爱国情感较为浓烈，在爱国主义情感教育中能够极大地调动学生的情感。当今的中国虽不需要我们通过慷慨赴国难来展现爱国情感，但是在前进的途中仍然面临严峻的考验，仍然需要为国奉献的责任感和紧迫感。中华优秀传统文化中将国家利益放在首位、坚定报国信念、时刻关心国家大事的爱国情感并没有过时，而且英雄人物所体现出来的爱国情怀中还保留着他们坚毅的品质、不屈的人格，是爱国主义情感教育中宝贵的财富，对于爱国主义情感教育仍然具有重要价值。

（四）加强道德修养教育

爱国情感作为一种高级的社会情感，在不同的阶段有不同的要求。对于大学生而言，爱国情感不只是停留在对祖国或国家的依恋之情，而是包含道德和理性的爱国情感。要让大学生成为“大爱大德大情怀的人”。中国作为礼仪之邦而被别国称赞，一个人的品德修养不过关，也会影响祖国的形象。社会中由于错误的、极端的爱国情感而出现的暴力流血事件，也是道德修养缺失的表现，因此我们在培养爱国情感的时候还要加强道德教育，让爱国情感不仅有“情”，还有“理”。中华文化历来有崇尚道德、重视道德修养的传统，中华优秀传统文化中也包含丰富的道德思想。

首先是在人与国家之间的关系上强调国家责任意识和奉献意识的道德内容。例如，范仲淹在诗中体现的公而忘私、先人后己的观念，把国家和民族利益放在首位；《尚书》中所体现的中华优秀传统文化的民本思想。这些思想对于大学生树立崇高的理想信念，树立为人民服务的人生目的仍具有现代意义。

其次是在人与人之间强调人际交往和谐的道德内容。在人际交往中，中华民族提倡要仁者爱人，和而不同。例如，《论语》主张在人际交往中要做到尊敬他人，言而有信。《大学》《中庸》《论语》等古典书籍中蕴含着多种人际交往的思想，值得我们学习。

最后是针对自身强调个人修养的道德内容。儒家主张个人要养心修身，认为先要修养自己的道德品质，然后才能管理自己的家庭和国家。而且个人修养不是一蹴而就的，需要一生去学习和实践。宋、明理学家们认为人们要不断反省自身，严格律己，并且要在实践中通过道德行为展现出来。

二、优化中华优秀传统文化融入爱国主义情感教育的方式方法

教育部制定的《高校思想政治工作质量提升工程实施纲要》中明确指出，要将课堂教育和实践教育结合起来，齐头并进。我们既要充分施展课堂教学的主渠道作用，进行内容的吸收与整理；又要重视发挥课外活动和社会实践的重要作用，将认知转化为行为，加深情感体验。

（一）课堂教学：完善爱国情感教学方式

将中华优秀传统文化融入爱国主义情感教学课堂，就要避免单纯的理论灌输，而是将理论灌输与情感教育相结合，在讲知识的同时要有意识地调动学生的情感。教师要在课堂教学之前构思自己的整个教学设计，包括教学情境的设置、师生之间的情感交流和教材的情感挖掘等。

首先，融情于境。情感教学就是要用情动人，情境性是情感教学的特征，我们要以境入情，在课堂教学中积极营造适宜的教学环境，让学生在不经意间被周围环境调动情感。例如，一些高校的传统文化教师在上课时身穿传统服饰，教授礼仪时让学生站起来模仿传统礼仪，引发学生的学习兴趣。我们还可以通过视频或者图片创设情境，如利用大火出圈的《唐宫夜宴》视频，将学生拉入情境之中。除此之外，还要加强主客体之间的情感沟通。教师与学生之间的交流交往是以地位的平等、人格的尊重和彼此之间的相互理解为基础的，进行单方面的理论灌输是无法让学生做到情感的投入和真诚的沟通的，因此要进行友好的师生交流，为整个课堂营造舒适、愉悦的学习氛围。

其次，融情于知。将中华优秀传统文化融入爱国主义情感教育要充分展露文化中的情感因素。要从情感角度对教学内容进行提炼和完善，从而在向学生呈现教学内容时尽最大可能发挥它在情感方面的积极作用。因此，在课堂教学中教师要挖掘中华优秀传统文化教学内容中与爱国有关的情感因素，教学内容不同，往往采取的情感处理策略也不同。对于显性的爱国情感内容，如为国捐躯、奋勇杀敌等爱国故事，这类内容具有比较明显的爱国情感，因此要使用展示情感策略。教师首先自己体会其中的情感，其次借助话语、动作和神情将这种情感表现出来。而对于比较隐性的情感内容，如上文所说的文学作品和古代建筑等，这类文化内容情感因子较为模糊，要运用发掘情感策略。教师要深入挖掘其中的情感，并且带领学生深刻了解作者所处的历史背景，带领学生走进历史，去体会作者的情感，并将这种情感迁移到自己身上，引发爱国情感。

最后，以情动人。教育者要让自己的言语充满感情。只有在爱国主义教育话语中内含真诚的情感，才能够在教师和学生之间搭建起有效沟通交流的桥梁。教师的言语要温和、平静，具有感染力，还要通俗易懂，能运用人们喜闻乐见的形式阐述教学内容。比如，有些教授在讲述传统文学时语言风趣幽默，将传统的文言诗词绘声绘色地传递给学生，在很

大程度上调动了他们的学习主动性，火遍全网。还有一些教师在讲到爱国情感时，话语时而激动、时而悲怆，情到深入处自然引发学生共鸣。

（二）实践活动：丰富爱国情感体验形式

“体验”是陶冶情感最好的方式，在实践活动中体验爱国情感有助于加深对情感的理解，让情感更持久。因此，要在实践活动中陶冶学生的爱国情感，保持爱国情感的持久性。

首先，充分发挥优秀传统文化教育基地的爱国情感教育意义。可以通过参观历史遗迹或者建筑，体验爱国情感。这种实地的建筑和场景为爱国主义情感教育的开展实施提供了广阔的空间，为唤醒和追溯人们的文化记忆提供了重要的空间。学校可以组织学生定期去当地的文化场馆如收藏典籍的图书馆、收藏文物的博物馆以及古代建筑等景区进行研习活动，当人们置身于这种文化场所时，可以真切地感受到当时的历史。例如在历史博物馆，大学生可以将眼睛所看到的实物、展示中获得的信息与自己的经验相结合，深刻感受这个城市的历史、民族的历史，最终形成爱国情感。

其次，开展丰富的中华优秀传统文化活动。可以通过组织学生举办传统文化节日来陶冶爱国情感。节日是民族特有的时间符号，它诞生于民族特殊的历史进程中，凝结着共同的历史记忆，是民族认同的重要标志。中国传统节日是维系乡土情感、民族情感的重要方式。举办传统节日活动，目的是让学生领会节日背后所隐藏的情感。比如，在春节和中秋佳节等团圆类节日，学校可以支持学生社团举办舞台剧、开展带有传统习俗风味的趣味游戏活动等，或者让不同的学院组织自己的学生表演节目，通过重现历史故事来展现节日背后的深意。总之，让学生在参与这些活动的同时，既可以切身体会到爱国情感，还可以提高参与校园实践活动的兴趣。

除此之外，大学是一个小型社会，大学生进入大学以后会遇到来自各个民族的同学。教师还可以让各民族的学生通过演讲、舞蹈、音乐等活动展现民族特色，既能加深大学生对各民族的了解，增进各民族之间的感情，又有利于大学生爱国情感的培养。

（三）网络平台：打造爱国情感教育平台

大学生作为网络的重要受众，大部分信息来源于网络，并且他们可以在网上自由发表言论。只有通过建设传播中华优秀传统文化的网络平台，才能更好地促使中华优秀传统文化融入大学生爱国主义情感教育。

首先，要利用学校媒体进行正面宣传。目前大部分高校的校园网站和权威的公众号等普遍已建设完善，在大学生群体中具有较强的影响力。高校借助校园权威媒体宣传优秀传统文化，是占据爱国主义情感教育网络阵地的重要手段。比如，学校可以在这些媒体上增添一些国学栏目，或者利用现有的爱国主义教育栏目，发布一些最新的文章、活动等内容。除了学校的门户网站，还有如中国爱国主义教育网、中国文明网等较为权威的社会网站，学校可以经常转载上面的文章，进行正面宣传，并鼓励学生进行评论和投稿，引导大学生的爱国情感进行正面发展。为了防止优秀传统文化给大学生造成呆板的感觉，高校在宣传时可以结合网络语言、网络图片以及网络热点事件以增强亲和力。

其次，要充分利用移动社交软件，加强与学生的情感交流。高校可以利用微信、QQ、微博和邮件等移动社交媒体，对大学生进行爱国情感的培育。利用这些媒体可以拉近教育者和学生的关系，促进双方和睦、亲切的交流，扩大爱国情感培育的覆盖面。通过线上的教育，将爱国情感传递给学生，激发学生的情感共振，升华学生的爱国主义情感。而且学生在这里可以及时地发表自己的观点和问题，教育者则根据学生的问题实时了解自己的教学效果，并作出相应的调整来满足学生的爱国情感需求。

最后，要组织学生观看相关的电视节目。近些年，一些电视台用心制作了很多宣传中华优秀传统文化、培养爱国情怀的电视节目，如《感动中国》《舌尖上的中国》《记住乡愁》《国家宝藏》等节目。特别是《国家宝藏》，利用现代技术展现国家文物，运用舞台剧重现历史故事，邀请与文物有关的人讲述它的现代故事，极大地调动了观众的情感，激起人们的荣誉感和自豪感，生发了对民族文化的自信和认同。学校可以号召学生集体观看这些栏目，并鼓励学生针对每一次的节目写成小短文，从中选出优秀的文章并给予奖励。

三、优化中华优秀传统文化融入爱国主义情感教育的环境

人的爱国主义情感的形成和发展离不开特定的环境，爱国主义情感教育也一定是在某种环境中进行的。环境对于爱国主义情感的体验和陶冶不可或缺，文化对人的影响也总是通过环境来进行的，因此优化融入爱国主义情感教育的校园、社会和网络环境，有助于强化爱国主义情感教育的成效。

（一）优化融入的校园环境

学校要为中华优秀传统文化融入爱国主义情感教育营造适宜的校园环境。校园环境对大学生的情感影响具有潜隐性的特点。大学生长期处于中华优秀传统文化的环境氛围中，就会不自觉地受到这种文化的影响，使自己的情感得到升华。优化融入的校园环境，主要是从两个方面来进行：一方面，是将中华优秀传统文化的爱国元素渗透于校园文化活动；另一方面，是将中华优秀传统文化中的爱国精神与校园文化精神相结合。

第一，将中华优秀传统文化的爱国元素渗透于校园文化活动。校园文化活动对于大学生具有很强的吸引力。校园文化活动以新颖活泼的形式吸引学生参加，让大学生切身体会来自校园文化的魅力。因此，高校要主动组织和举办以优秀传统文化为核心的校园文化活动，陶冶大学生的爱国情怀。这些活动主要分为两种：一种是学术型的活动。高校可以组织教师开展以中华优秀传统文化为主题的学术研究、学术竞赛和科研项目等活动，吸引学生参加。比如，高校可以定期开展以爱国诗词为题的演讲竞赛，通过竞赛引起学生学习爱

国诗歌的热潮，传播其中蕴含的爱国情怀。另一种是新颖的文体活动。高校要加强对学生社团的组织和领导，与学生社团建立合作模式，避免社团活动流于表面形式。比如，高校可以利用名人宣传效应，在学生社团举办的活动中邀请民间艺人、非物质文化遗产继承人等加入活动，吸引学生的兴趣，并通过专业的知识讲解宣传文化内涵，激发学生的民族自信心。

第二，将中华优秀传统文化中的爱国精神与校园文化精神相结合。校园文化精神有重要的凝聚和濡染功能。将传统的爱国精神与校园文化精神相结合，可以从两个方面来进行：一是通过物质文化建设，营造传统爱国情感的育人氛围。高校可以通过陈列伟人的雕塑，以爱国英雄的姓名命名校园建筑，在校园中张贴中华优秀传统文化中的爱国经典诗词等，让学生随时随地感受到传统爱国情怀的影响。二是通过精神文化建设，营造传统爱国情感的育人氛围。高校要结合学校特色和校风校训，将中华优秀传统文化中的爱国情感与学校的校训、校歌等结合起来，陶冶大学生的爱国情怀。

（二）优化融入的社会环境

第一，要积极进行政策引导。关于爱国主义情感教育，《新时代爱国主义教育实施纲要》等提出要重视爱国主义情感的培育，加强中华优秀传统文化在爱国主义情感培育中的作用。对于中华优秀传统文化，《完善中华优秀传统文化教育指导纲要》等提出要将中华优秀传统文化纳入高校学习体系，加强对大学生的文化通识教育。各个地区也要深入落实国家政策，鼓励高校在中华优秀传统文化上的学科建设和教学研究，支持高校加大对其传承和弘扬的力度。除此之外，还应该根据国家政策，出台具有针对性的爱国主义情感教育政策，明确中华优秀传统文化融入爱国主义情感教育的内容和方式方法，为高校的爱国主义情感教育做好指导和规划。

第二，要提高对本地中华优秀传统文化的使用率。每个地方都有自己独特的文化特色。各地部门要将当地的社会力量整合起来，集体开展工作。一是要进行系统的整理。可以招募社会上专业的文化和技术团队，如研究传统文化的民间学者、组织机构或权威的专家和媒体等，对当地传统文化的内容和形式作系统的梳理和分类，将这些地方传统文化中的爱国思想发掘出来，并结合时代要求作出全新的阐释。二是要进行广泛的宣传。要充分发挥当地的历史博物馆、典籍藏书馆和历史纪念馆等社会公共服务机构的宣传作用，相关部门要促成它们与高校达成合作，定期向大学生免费开放，定期举办一些以中华优秀传统文化为主题的爱国教育展览活动，促使大学生通过近距离感受中华优秀传统文化激发爱国情感。

（三）优化融入的网络环境

进行爱国主义情感教育，必须重视网络环境的建设。网络是多种思想文化的“大舆论场”，对大学生的情感影响较大。因此要紧紧抓住网络环境中的话语权，宣传主流文化，为爱国主义情感教育保驾护航。

第一，要加强网络环境的正向引导。一是要借助主流媒体的影响力，增强中华优秀传统文化在网络上的影响力。当前，通过网络进行爱国情感表达已经成为社会常态。比如，在国庆庆典中无数网民通过快手、抖音、微博等新媒体平台传达自己的爱国情感。因此，我们要加大在主流媒体平台为中华优秀传统文化公益宣传的力度，进行文化的正向引导。比如，在人民网、新华网、央视网等权威平台进行传统爱国情感的宣传教育，稳稳把握住文化的正确舆论导向。二是要打造中华优秀传统文化与爱国主义情感教育相结合的网站。可以在爱国主义教育网站中设立有关传统文化的专栏或爱国主义情感教育专栏，如中国爱国主义教育网就设立了“国学文化”和“民俗文化”专栏，将中华优秀传统文化很好地糅合进爱国情感培育里面。三是要开展丰富的网络文化竞赛活动。以中华优秀传统文化为主题，积极开展征文大赛、答题竞赛等活动。比如，举办中华优秀传统文化答题竞赛活动，选取与爱国情感有关的内容，通过积分累计授予不同等级的爱国勋章等提高大学生的兴趣，在参加活动的同时加深大学生爱国情感的体验。

第二，要加强网络监督和管理。当前的网络生态环境呈现多元化、复杂化态势，除了积极的主流文化以外，还存在一些受西方社会思潮、不良社会心态等影响的不良言论，影响大学生爱国情感的养成，也不利于中华优秀传统文化中爱国思想的传播，因此我们要积极治理网络环境。一是运用网络技术探索和建设高水平的网络舆情预警和监测系统，及时发现网络中的敏感舆论，如侮辱国家、抹黑民族英雄等不良言论和行为，及时进行跟踪和处理。二是要注重运用法治力量进行管理。要健全在爱国情感教育方面的网络法律法规，制定相关的网络监管制度，运用法治手段进行网络空间治理。对于随意拆解和拼凑信息进行不良信息传播的媒体，要运用法治手段进行严厉的处理，营造健康、纯净的网络环境。

参考文献

[1] 毕国帅．推动中华优秀传统文化创造性转化创新性发展研究［D］．山东师范大学，2019.

[2] 陈巧雄．中国共产党对中华优秀传统文化的弘扬及启示研究［D］．长沙理工大学，2019.

[3] 陈妍．优秀传统文化融入大学生思想政治教育研究［D］．西安理工大学，2019.

[4] 陈丽旭．中华优秀传统文化融入中小学德育全过程的路径研究［D］．西南科技大学，2020.

[5] 陈云龙，任建英，曾莹．中华优秀传统文化教育发展的探讨［J］．课程·教材·教法，2019，39（12）：89-95.

[6] 戴妍，陈佳薇．"一带一路"背景下中华优秀传统文化传承的现实境遇与教育应对［J］．贵州师范大学学报（社会科学版），2020（3）：65-75.

[7] 冯淼．优秀传统文化融入高校大学生思想政治教育路径研究［D］．吉林农业大学，2020.

[8] 郭金玲．中华优秀传统文化融入高校校园文化建设的路径思考［J］．科教文汇（上旬刊），2021（1）：10-12.

[9] 侯思言．文化自信视域下中华优秀传统文化传承发展研究［D］．西北大学，2021.

[10] 康育铭．新时代青年在弘扬中华优秀传统文化中的责任担当研究［D］．长春工业大学，2021.

[11] 李璐璐，何桂美．关于中华优秀传统文化融入高校思想政治教育的思考［J］．学校党建与思想教育，2022（4）：85-87.

[12] 李枚晏．中华优秀文化融入高校学生党员教育路径研究［D］．桂林理工大学，2021.

[13] 李婷．中华优秀传统文化融入艺术教育的价值与路径分析［J］．戏剧之家，2021（8）：167-168.

[14] 李西京．中华优秀传统文化融入高校校园文化建设研究［D］．西安科技大学，2019.

[15] 李潇翔，刘爱莲．中华优秀传统文化的弘扬与意识形态的社会认同［J］．江淮论坛，2021（2）：93-98.

[16] 李昱菲．优秀传统文化与音乐教学的融合——以幼儿音乐启蒙教育为中心［J］．辽

宁高职学报，2021，23（2）：98-102.

[17] 刘凡．文化全球化视域下中华优秀传统文化的传承与发展研究［D］．延安大学，2019.

[18] 刘奎杰，邢明非，张宝生．中华优秀传统文化融入大学生思想政治教育浅析［J］．鲁东大学学报（哲学社会科学版），2020，37（4）：91-96.

[19] 刘晶．中华优秀传统文化的时代价值与弘扬路径［J］．山西高等学校社会科学学报，2021，33（6）：56-59+72.

[20] 刘立杰，李璠．在高校教育中传承中华优秀传统文化的当代价值［J］．高教学刊，2021，7（30）：29-32.

[21] 刘丽娜．中华优秀传统文化融入大学生思想政治教育的路径探析［D］．东北师范大学，2018.

[22] 刘雅柔，刘付莉．新媒体时代下优秀传统文化的传播研究［J］．传媒论坛，2020，3（20）：134-135.

[23] 骆津晶．中华优秀传统文化融入新时代高校德育教育研究［D］．北京外国语大学，2021.

[24] 马学海，吴娱．中华优秀传统文化融入高校思想政治教育的有效途径［J］．西部素质教育，2022，8（7）：40-42.

[25] 任缘娟．新时代中华优秀传统文化融入高校校园文化建设的路径研究［D］．新疆医科大学，2020.

[26] 宋慧．中华优秀传统文化涵育大学生文化自信研究［D］．湖南师范大学，2020.

[27] 王楠．新时代弘扬中华优秀传统文化研究［D］．青岛理工大学，2019.

[28] 袁安妮．中华优秀传统文化融入高校德育研究［D］．西安理工大学，2019.

[29] 张娜．中华优秀传统文化的当代价值及其传承发展［J］．佳木斯职业学院学报，2020，36（12）：35-37.